U0892818

日本人眼中的慈禧

[日] 田原祯次郎 著
董丹 译

故宫出版社
The Forbidden City Publishing House

目录

自序

清国，拥有430万英里的土地面积，占世界陆地的十二分之一；拥有4亿民众，占世界人口的四分之一；民族包括满、汉、蒙等，宗教覆盖道、儒、佛……无论从哪个方面来看，它都是一个世界大国，其统一大业也困难至极。然而，西太后却以其微弱的巾帼之躯，已执掌国政长达46年之久，如今虽已74岁高龄，却仍积威积势，集400余州之众望于一身，不能不说是一位伟人。

西太后出生时便遭遇大国末运，于皇室式微之时入宫，27岁时丈夫咸丰帝去世，40岁痛丧爱子同治帝，其间内经“发匪捻匪”之乱[1]、戊戌变法，外经英法联军、中法、日清、北清等战乱。[2]若是一名寻常女子，可能早就手脚大乱，一逃了事。可西太后在此国势衰微之际，却毅然垂帘听政，逐渐调停满汉倾轧，缓和新旧冲突，改革制度，整顿兵备，回收权力，最后筹备破天荒的宪政，使处于垂亡边缘的清国重新苏醒，呈现出旭日再升的态势。她的大力量和大手腕，确实是古今鲜见。

在这个世界上，清国还是个未知数。仅从近世来看，世人的清国观有三变：起初，敬之如曾纪泽所言沉睡的巨象；日清战争之后，侮之如虎皮羊质；如今，则畏之如睡醒的狮子。与此相同，世人对西太后的评论也是三变：起初，视之为阴险冷酷的女性；继之，说她是迷顽执拗的老太婆；最后，赞之为进步开明的英主。世人对清国的认识很是可笑，

1 指太平天国和捻军——编者。

2 日清、北清战乱，分别指中日甲午战争、庚子之役——编者。

对西太后的评论也不得要领。美国公使田夏礼(Charles Denby，Jr．)曾言：“西太后是世界大君主之一，使垂亡的帝国与列强结伴而行就是借此女杰之力。”这一评价可谓恰如其分。

日清两国有着一衣带水的距离、唇齿轮车的连锁和同文同教的友谊，因此两国必须保持密切亲善的关系，这一点无需多言。外交的要义在于知彼通他，与日本国人表里两面相比，我们更应对清国进行研究，以沟通相互意见，推动善邻关系，遗憾的是这一点常被等闲视之。因此，作者不揣简陋，妄自为西太后作传，以此作为对清国研究的一个视角。本书对清国最近50年的历史，从平定“发匪”到宪法准备，将其中的重要事件编织起来，虽以西太后为题，但并不限于对西太后个人性情、品行的描写，而是进一步搜罗了皇室内外、朝野真相、国势变迁等内容。但是，由于作者见闻所限与资料欠缺，难免隔靴搔痒之叹，也预期会有道听途说的评论。至于西太后的盛德伟业，这本小册子当然更难详尽记述，期待以后能有机会加以补充。

明治四十一年九月（1908年9月）

绪言

提起西太后，无需画蛇添足。她是清国的摄政皇太后、古今无与伦比的女性政治家，这一点恐怕无人不知，无人不晓。自1862年（同治元年）摄政至今，她已经掌控清国政权46年，如今虽已74岁高龄，却仍主宰北京朝廷，解决满汉倾轧、新旧冲突等，其手腕与能力，就连堂堂男性政治家也不得不退避三舍。在中国的历史中，能与西太后相提并论的女性政治家前所未有，世人皆云其似吕后、如武则天等等，但那些人都难及西太后。西洋历史中，俄国女皇凯瑟琳、匈牙利及波希米亚女王玛丽亚·泰瑞莎、英国女王伊丽莎白和维多利亚等，还能多少与之相比。

西太后究竟是位什么样的人物？众说纷纭，真相难辨。有人说她阴险残酷，杀害东太后、同治帝皇后以及肃顺、端华二王，腰斩忠臣寇连材，幽禁虐待光绪帝；同时又骄奢淫纵，不顾财政困难，居于万寿山下颐和园夏宫，极尽天下之奢华，宠爱嬖人李莲英，大摆春夜宴，并非难她与其生有私生子。毋庸置疑，作为立于政治舞台上将近50年的女中豪杰，西太后可能或多或少会有些缺点。但是，她天性聪慧，广涉文史，决断如快刀斩乱麻，有鉴识人物之明，擅收揽人心之术，多才多艺，琴棋书画无不通晓。在国家遭遇大难时，能巧妙处之，至今依然集四百余州之众望于一身，不失为清国政界的大人物，实为古今独步，非常之女杰。即便她确实有这样那样的缺点，也无法掩盖其手腕和能力。况且前面所说的残忍之事，多为反对者所捏造，并没有什么证据可依。

介绍西太后人物性情、品行的材料，目前十分少见。在清国，因为这类出版物涉及忌讳，无法发行，所以几乎没有这方面的著作。而日本一直轻视清国问题的研究，最近虽稍有转变，与清国有关的作品开始频繁出现，但也仅限于商业，其他方面仍涉猎较少。去年年底，大阪每日新闻社以《西太后》为题，分三十几回刊载了一些关于西太后的轶事，但遗憾的是，仅限于对其日常起居、嗜好等进行传奇性、漫笔式记录，而没有涉及西太后的经历等内容。此前，《太平洋》也曾刊载一些关于西太后的事情，但都只是指摘其“丑行”，如同对维多利亚女王挑刺一样，不足为凭。至于单行本，有本中久喜信周的《西太后》，明治三十四年春民友社出版，该书虽具一定的条理性，却缺乏充分的历史记述。作为清国问题研究的爱好者，我们平时对清国的事情自然多了几分关注，对有关西太后的材料也进行一定的调查与整理。去年（1907年）11月15日，上海《德文新报》（Der Ostasiatische Lloyd）刊登了《中国西太后》一文，内容虽然不是特别详细，却多少涉及西太后之经历。此外，纳瓦拉氏《中国与中国人》、布朗氏《于东亚的三十三年》，也可见到有关西太后的记述。本书即参考这些内容。由于材料所限，浅薄之处在所难免。世人若能通过这本小册子，对西太后的经历有所了解，作者心愿足矣。

西太后的出身

关于西太后的出身，有着各种不同的传闻。但无论哪种传闻，在其出身是满洲人这一点却保持一致。至于是什么身份的满洲人之女，那就众说纷纭了。《西太后》书中是这样记述的：

> 满洲某地有一官人，姓那拉，即西太后之父。此人因某事被剥官职，致其家产丧尽。那拉氏求业不成，遂携爱女远赴粤东。但他日渐贫困，境遇悲惨，走投无路之下，将其视若掌上明珠的四岁女儿卖与他人。买家乃一广东富豪，见此女姿容艳丽、才气纵横，遂让其学习琴棋书画等才艺。聪明的西太后，闻一知十，很快通熟诸艺。（下略）

从文中记述来看，西太后的父亲似乎是满洲的小官吏，落魄之后流落到广东，贫苦之余，在西太后4岁的时候，以若干金钱将其卖掉，而西太后是在买者广东商人家里长大的。但事实绝非如此，西太后的的确确是满洲贵族出身。

清国的陆军由八旗、绿营、乡勇三部分组成（近来由于兵制改革，与从前颇有不同）。其中的八旗兵，特别是满洲八旗兵，与德川时代的旗本八万骑相似，是名誉士族，虽然现在不那么强大，但从前是讨伐过明朝的战功显赫的军队。八旗兵又分三种：满洲本部的兵称为满洲八旗，蒙古出身的兵称为蒙古八旗，以汉人组织而成的称为汉军八旗，八旗以旗色不同加以区分。八旗的旗色为正黄、正白、正红、正蓝、镶黄、镶白、镶红和镶蓝。

正白旗兵在满洲八旗兵中，属仅次于正黄旗兵的名誉士族。该旗中有一家姓叶赫那拉，道光中期，其主人公名叫惠征，这就是西太后的父亲。此人生于满洲八旗之名族，品格高尚、学识渊博，位居相当于日本国陆军中将的都统要职，后封为第三等承恩公。

西太后就是出生于这样一个名门望族之家，绝不是普通的满洲士族家的女儿。清朝是极其重视等级制度的王朝，如果西太后出身低贱，绝对不可能入宫侍候皇帝。虽然关于西太后共有兄弟姊妹几人尚不明确，但从其妹妹是道光帝七皇子醇亲王的福晋，也就是光绪帝的生母这一点来看，西太后的出身也绝非低贱，诸如被广东商人买去之说毫无道理。

西太后生于1834年十一月十七日（即道光十四年），还在襁褓之中

外国人所画西太后像

即已注定为清国国母的命运。这是个美玉明珠般奇丽的婴儿，并且极其聪明伶俐，后在十六七岁时入宫为秀女。虽然有关她十六七岁之前的成长经历尚无详细记载，但由于其家庭属于名门望族，父亲又是显赫人物，相信她一定是与后来成为醇王福晋的妹妹一起，在备受关爱下成长起来的。

西太后的入宫

西太后从出生至1850年（道光三十年），一直在闺阁中接受家庭教育。芳龄17岁时，其天生丽质逐渐显现出来，可用中国的俗语来形容：芙蓉面、杨柳姿、婵妍婀娜。甚至人们看她一眼，即会魂不守舍。这位小女子很会把握自己的命运，在好事的刘郎染指之前，被选拔为秀女，入了咸丰帝的后宫。

西太后17岁入宫之时，只是个普通的秀女，并非咸丰帝的妃嫔。正如日本国宫中女官都具有各种等级一样，清国宫中的女官也同样等级各异，按照皇贵妃、贵妃、嫔、贵人、答应、常在的顺序，每有缺位即会逐级晋升。如遇皇后驾崩重新册立皇后的情况，那么首先从第一位的皇贵妃中挑选，绝不会从其下一位的妃嫔中选拔。而具备皇后和后宫人选资格的，仅限于满洲名族女子中的异姓。皇后则是满洲名族之中家族特别高贵者，以佟佳氏、那拉氏、钮祜禄氏、富察氏、喜塔腊氏等最多。西太后出自那拉氏，自然具备被选为皇后的资格。

西太后当初是作为秀女被选入咸丰帝的后宫，并随侍皇后和皇太后的。由于秀女仅限于八旗出身，所以八旗士族家里的女孩子，在未接受秀女检验的情况下，是不能随意婚嫁的。否则，从八旗都统到参领、佐领，以及本人的父母、族长等，全都要受到相应的处罚。满洲和蒙古的八旗护军领催以上，汉军八旗文职笔帖式以上、武职骁骑校以上，以及外省文职知府以上、武职参将以上官职家的女儿，年满14岁者皆有接受秀女检验的义务。到了规定年龄之后，由参领骁骑校、领催、族长，以

咸丰帝便装像

及本人的父母或亲伯叔父母、兄弟、兄弟之妻，将女孩送到宫中接受检验。之后根据排名，有的直接被选入宫，也有的受命婚嫁皇族，还有的作为下一次检验的候补人选暂留姓名。

秀女检验当然不仅仅限于姿容，还包括学问、女艺等。在众多的候补者中，能够达到才、学、色的标准脱颖而出并非易事。西太后就是一名通过检验的合格秀女，从17岁到20岁，随侍在皇后和皇太后左右。她天资聪慧，才学兼优，容貌也很出众，所谓回头一笑百媚生，六宫粉黛无颜色。所以，她很快得到了皇后、皇太后的眷顾，超越其他秀女被晋升为贵妃，称为懿贵妃那拉氏。她随侍陪伴咸丰帝，并得到皇帝的宠爱，真可谓后宫佳丽三千人，三千宠爱在一身！

西太后在宫中的生活就是这样顺利，但世人却往往附从误导，更愿意相信她是广东商贾之贱婢，在选妃检验中成功入选，一跃成为太子妃。《西太后》是这样描述的：

上谕忽达十八省，曰太子（后咸丰帝）当自选妃，满人处女十五岁以上、十八岁以下者，倘欲志愿者，速集至北京宫阙。才气焕发的西太后视之，心想不能犹豫啊，遂欲应此上谕加入志愿者之中。将此旨告知家人，恳请只管上京。家人对其奢望惊讶有余，欲在冷笑中打消其欲望。然西太后执拗的意志和顽强的请求，终获家

咸丰帝的三位妃嫔

人首肯，于是带着家人为自己准备的衣裳和盘缠上路了，金轿飘飘奔赴燕京。即使是充满三千佳丽的北京宫殿，也焉能盖过西太后的天资绝艳！龙眼直接凝注在西太后的身上，西太后就此登高及第。如此这般，广东一商贾之少女一跃而入九重云深处。（下略）

虽然这种说法好像小说一般，非常有趣，但却可以肯定属于编造的谣言。格外重视仪典的清国焉能在选妃这样重大的事情上，采用如此轻率的做法！事实上，清国在皇后册立、女官选阅等方面，都有非常严格的规则，在《大清会典》、《皇朝政典类纂》等著录中详细制定了皇妃以下女官的资格和选阅手续。所谓商人的女儿，是没有资格参加这种检验的。

皇子的诞生

如果西太后确实于1850年（道光三十年）17岁时入宫，那么当时咸丰帝恰好是20岁。咸丰帝名奕詝，是先帝道光的第四子，太祖以来的第九代皇帝，生于1831年（道光十一年）八月，1850年二月二十五日承先帝后即皇帝位，1861年（咸丰十一年）八月二十二日驾崩，年仅30岁，在位11年。

西太后刚刚入宫时，当然只是地位比较低下的秀女，无法随侍在当时是皇太子的咸丰帝左右。但正如前面所表述，她才色绝世，颇得皇后（即后来的东太后）和皇太后的信任，迅速脱颖而出，不断得以晋升，终于随侍陪伴咸丰帝，独享恩宠于一身。

西太后于入宫后第五年，即1855年九月五日诞下皇子，也就是后来的同治帝。咸丰帝的皇后同样出自满洲八旗的名族钮祜禄氏，称为孝贞显皇后，膝下无子。如今，西太后诞下男婴，并且是咸丰帝唯一的继嗣，因此得到的宠遇日益增加，翌年晋升为位居第二的贵妃，称为懿贵妃那拉氏。

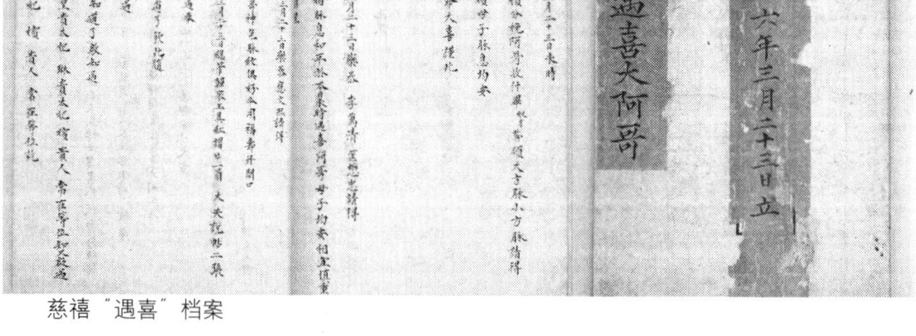

慈禧“遇喜”档案

宫中的西太后

西太后如此深得皇帝宠爱，那么她与皇后及其他妃嫔的关系如何呢？就连我们日本的德川大奥等宫殿中尚有夺宠之争，由此导致悲惨事件的发生，更何况被称为是黑暗世界的清国后宫！想必也是司空见惯的常有之事吧。从一个默默无闻之辈一路晋升为贵妃、独享君宠的西太后，可想而知，一定遭受很多嫉妒。然而，天资聪慧的西太后却巧妙地渡过难关，得以保全其身。

东太后便服像

东太后性情与西太后完全不同，她非常爱好文学，于1881年（光绪七年）驾崩，世称“文后”。人如其名，她在文学上的造诣颇深，并写有一手出色的满文，据说还曾亲阅科举考试的文章。西太后也颇具文学修养，并且擅长诗作、绘画等。但相较于文学，她的才干更为出色。东太后以文学取胜，西太后以才干居优。虽然两人性情各异，长时间共处于后宫之中，却并没有任何感情等方面的冲突。因此，说西太后陷害东太后之类的谣言，都是以讹传讹。

二十七岁的寡妇

西太后入宫后第十一个年头，咸丰帝驾崩，西太后27岁就成了孤独的寡妇。咸丰帝与西太后，可谓在天愿为比翼鸟，在地愿为连理枝，如胶似漆。然而仙乐缓歌之乐没多久，就成了天上人间两相隔，这真是西太后最大的不幸。

咸丰皇帝的定陵

不幸的咸丰帝

咸丰帝是个不幸的皇帝，在位11年的短暂岁月里，充斥着各种兵荒马乱，没有过上一天太平的日子。清国在鸦片战争以后国力痛疲，又威信扫地，朝廷被国民蔑视，其结果就是爆发“长发贼”之乱。这场叛乱自道光三十年（1850年）六月至同治三年（1864年）六月，持续长达14年之久，蔓延全国16个省。自太平王洪秀全在广西省桂平县金田村扯起叛旗，直至南京沦陷，洪秀全自杀，其间大小战争多达600余起，出现许多有趣的历史现象。“长发贼”方面，涌现出杨秀清、萧朝贵、冯云山、韦昌辉、洪大全、秦日纲、石达开、林凤祥、何震川、罗亚旺、范连德、胡以晃等豪杰；讨伐军方面，则出现了曾国藩、胡林翼、李鸿章、罗泽南、李续宝、彭玉麟、杨岳斌、曾国荃、鲍超、左宗棠、刘铭传、刘坤一等豪杰；又有英国陆军少佐戈登、美国人华尔特等常胜将军。他们逐鹿中原，呈现出龙争虎斗的壮观之貌。

在“长发贼”之乱尚未平定之际，又爆发了与英法联军的战争。这场战争是清国排外热的结果，最初是广东外国商人趁“长发贼”之乱，

太平军的标语

频繁、密集地进口武器弹药供给叛军，这样外国人就非常招人憎恶。咸丰六年（1856年），广东的欧洲人居留地被清国人烧毁，这一事件曾一度被和平控制。但不久以后，美国军舰又在白河口遭到清国炮台的攻击，最终演变成为战争，并持续到咸丰十年（1860年）。英法联军在这年十月攻陷北京，掠夺圆明园，咸丰帝与西太后一同，逃到距北京约200公里的夏季行宫热河。

热河行宫

热河作为清国皇帝的避难所而闻名。北清事变时期，各国联军攻打北京，西太后和光绪帝蒙尘在陕西省首府西安（古代长安），而咸丰帝在受难时则出逃至热河，热河也就因此在历史上出名了。热河是其别名，本名为承德府，系直隶省的一个城市，人口25万。位于北京东北方约50里[1]的滦河上游，北连大阴山脉，东边境为七老图山，西南为燕山山脉，是一座群山环绕的城市，极具防御性。或许正因如此，那里才成为清国皇帝的避难之所。在古代，热河为东胡所有，汉初划归匈奴，其后又被乌桓、鲜卑占领。清初在此设热河厅，雍正十一年（1733年）改为承德州，后成为现今的承德府。热河设有清帝行宫，由于夏季的北京酷暑难耐，所以将热河行宫确定为避暑胜地，与日本国帝室将箱根设为御用邸情况相同。

提起热河，不禁让人联想到俄国的利瓦吉亚离宫。该宫位于克里米亚半岛，气候温和，风光绝佳，为历代沙皇的避寒之地。沙皇亚历山大三世于1900年11月在此驾崩，如今的尼古拉二世又在此大病，一时之间利瓦吉亚离宫成为不祥之地，为俄国皇室所厌恶。与此相同，道光帝在鸦片战争之后，唯恐英军攻击驻跸热河，并于道光三十年二月驾崩于此；咸丰帝更因英法联军进攻北京，于咸丰十年十月逃至热河，翌年八月在那里崩逝。或许正因为热河承载着这些令人忌讳的历史，而满洲方面又有俄国大兵驻扎，因此北清事变时西太后才改变方向，转至西安避难。

1 日本里。1里=3.927公里——译者。

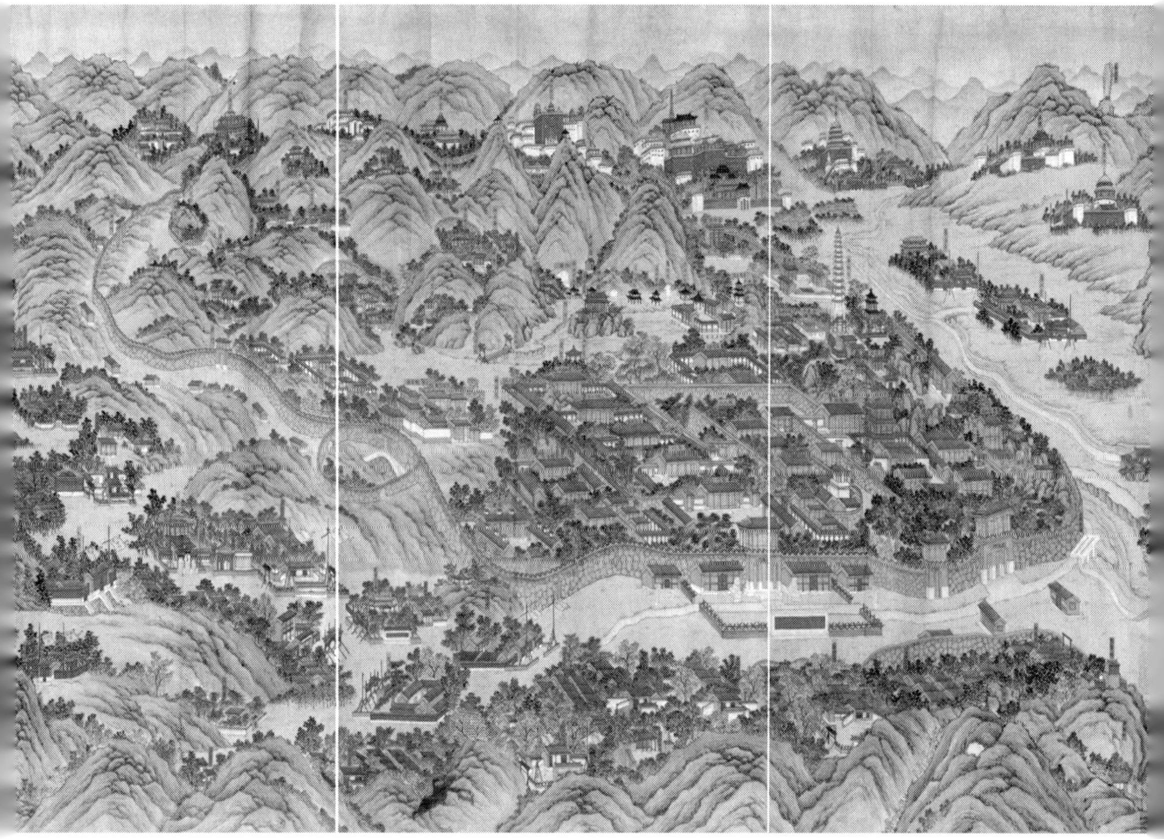

热河行宫全图

咸丰帝蒙尘

英法联军与清军在北京激战（外国版画）

英法联军由21000人（其中英军由7800人的本国兵和4800人的印度兵组成，法军7500人）强兵组成，在英军司令克兰特和法军司令孟斗班的指挥下，经过数次激战，于九月十八日攻陷北京城，烧毁圆明园。咸丰帝和西太后在群臣力拥下逃至热河。因著有《华北战争记》而闻名的史温侯，对当时的蒙尘状况描述如下：

> 咸丰帝在英法联军入侵北京的十五天以前，与后宫贵嫔十三人在群臣和护卫兵的力拥之下出走热河。某亲王在北京留至入侵前夕，惊闻我同盟军关于进攻的通报以后，也狼狈逃至热河。咸丰帝体弱多病，特别是近来他一条腿发生水肿，步行时甚至需要借助拐

杖，情况颇危。贵嫔十三人和皇后均无子嗣，贵妃中有两人有子嗣，其中一个就是懿贵妃所生的当年只有六岁的男孩（即后来的同治帝），另外一个是五岁的女孩。这两个皇子皇女在咸丰帝蒙尘热河之时也与皇后等人同行。（下略）

关于咸丰帝和西太后热河蒙尘的详情，人们虽然不得而知，但可以参照德意志建国之祖——皇帝腓特烈·威廉三世——在拿破仑一世的进攻下，国家惨遭蹂躏，被迫携皇后路易丝及诸皇子逃至默默尔附近的田舍和柯尼斯堡时所蒙受的悲惨遭遇。

战争于咸丰十年十月告终，北京和平条约签订，但皇帝却没有立刻返回皇宫，因为北京宫殿被英法联军或烧毁或掠夺，需要修缮等原因，不能马上回去。到了翌年即咸丰十一年秋，咸丰帝等人依然滞留在热河。咸丰帝身体本来就很孱弱，加上“长发贼”之乱和英法联军战争的持续，使得他精神过度疲劳，于这年八月二十二日在热河驾崩。随后，年仅7岁的太子载淳即位，他就是同治帝。西太后作为皇帝生母，与东太后共同摄政，从此开始了她在清国政治界大展手腕的生涯。

《北京条约》签字图

同治帝即位

同治帝是西太后的亲生儿子，名载淳，咸丰帝在热河驾崩时，他只有7岁。国事多难之时，人们大都希望能够有一位贤长的天子出现，但不幸的是，咸丰帝只有这么一个皇子。无奈之下，只能让载淳即位，改年号为同治。此时“长发贼”之乱尚未平定，同治元年南京又在激战中被乱贼占领，天下一片骚乱，同治帝的登基大典也只能草草举办。同治帝同他的父亲一样，也是个不幸的天子，在位13年间，同样战乱不断。同治三年，“长发贼”之乱总算平定下来，朝廷举办了庆祝典礼，又加封曾国藩、李鸿章等15名功臣分别为一等以下侯爵。但是，天下并未就此太平，“捻匪”之乱继起，甘肃又爆发回回之乱，此外还有伊犁事变、日本进攻台湾等等。同治在位期间，几乎没有一个和平的年份。同治十三年，同治帝染天花驾崩，年仅20岁。此时西太后该是何等悲伤！入宫没几年咸丰帝驾崩，27岁就成了寡妇，如今尚无子嗣的同治帝又离她而去，就算再坚强的女性，恐怕也很难承受如此剧痛吧！

同治皇帝写字像

两位摄政太后

同治帝即位时只有7岁，无法独立理政，于是由嫡母（咸丰帝孝贞显皇后，即东太后）与生母西太后共同摄政。因为有两位皇太后，所以摄政也有两个人，因为中国非常重视母权，所以才会产生这样的结果。我们日本嫡庶之分相当严格，皇太后的尊称只限于皇后一人，即便是诞下天皇的先帝宫人，也同样位居臣下，不会被尊称为皇太后。清国则不同，先帝的皇后理所当然要被尊为皇太后，皇帝的生母如果是嫔妃，为了表示尊敬，同样也尊称其为皇太后。同时有两个皇太后时，为了加以区别，先帝的皇后称为“母后某皇太后”，皇帝生母称为“圣母某皇太后”。摄政也不限于一个人，所以同治时期，就有两位皇太后共同摄政。两太后共同摄政，其上谕开头多为“谕内阁、朕奉母后皇太后圣母皇太后懿旨”。清国称摄政为训政，但与现今宪法中所说的摄政有所不同，而是含有训示之意，是指皇帝尚幼由皇太后训示大政。

两宫皇太后垂帘听政处

西太后之专制

同治帝时期，慈安（东太后）、慈禧（西太后）两太后在朝中共同训政。所谓东太后和西太后，其称谓由来是：咸丰帝驾崩以后，慈安太后居东宫，慈禧皇太后则居西宫。正如前面所说，中国不存在嫡庶母的区别，所以当上皇太后以后，嫡母皇太后与生母皇太后，在礼遇方面没有任何差别。相反，生母甚至比嫡母更有权力优势。因此，名为两位皇太后摄政，实际上西太后掌控着绝对势力，可以说是一个人专制。尤其是东太后性情温柔，在政治上没有丝毫野心，每日只专心文学；而西太后，不仅才气横溢，而且更热衷政治，实际上在1881年（光绪七年）东太后去世以前，她就已经独步于清国的政治舞台。但是，类似于西太后为难东太后，又导致其离奇死亡等种种传说，却纯属人们的揣摩臆测，而非事实。东太后性格原本就与西太后不同，她沉浸于文学，不与西太后争夺所谓的权势，更不可能与之发生冲突，应该属于寿终正寝、自然崩逝。

西太后与恭亲王

大学士文廷式是博学多才之人，也是位慷慨忧国之士。在光绪帝广揽人才，准备实行变法自强之时，文廷式也曾受到过重用。但是，他称西太后垂帘听政不啻牝鸡司晨，是清国的大害，从而触怒西太后而被剥去官职。西太后的专制，由此可见一斑。

自同治元年摄政以来，迄今已46年，西太后一直掌握着清国的政权。其间虽曾一度还政于光绪帝，但却有名无实，光绪帝只能坐拥虚器，事事仰承太后。事实上西太后也确非凡人，作为女性政治家可谓古今未见，外国人评价她是康熙帝以来的明君，也不完全是阿谀奉承。自摄政以来，她拉拢各路权势为己所用，托付并利用他们处理政务，其中首当其冲的就是恭亲王。恭亲王是道光帝的第六子，咸丰帝的弟弟，西太后摄政时他已经很有历练。如今清国皇族中年轻有为的人物很多，如醇亲王、肃亲王、载泽公、载振公等等，但当时却无人可用，崭露头角的只有恭亲王一人。恭亲王的弟弟醇亲王（今醇亲王的父亲）也同样贤长，但没有政治野心，是个文雅风流之士。慧眼识才的西太后，很早就发现恭亲王的可利用之处，便聪明地与之结为同盟。当初咸丰帝身体虚弱，便将一些政务交给恭亲王，从与英法联军议和到其他重大事件，经常都是由恭亲王出面办理。咸丰十年（1860年）十二月，设立总理各国事务衙门（今外务部前身），恭亲王任首席大臣，权威显赫，清国的实权也就自然落到了他的手中。西太后刚刚摄政时，很多事情都没办法插手，于是便采用笼络恭亲王的政策。咸丰帝葬礼时，西太后以出现重

恭亲王奕䜣

大过失为由，对数名重要人物进行处分，暗中警告恭亲王；同治四年（1865年），以政治上失策为口实，曾一度将恭王贬黜出朝廷，不久又让他重新复职。西太后如此巧妙地将恭王操弄于股掌，长期加以利用。但终因恭亲王的性格与西太后不合，并且有专权倾向，二人矛盾加深。光绪十年（1884年），西太后断然将恭亲王罢黜，不再复用，改用自己的妹婿醇亲王取而代之。光绪二十年（1898年），恭亲王以高龄薨逝。

西太后与群雄

众所周知，西太后擅长驭人之术。她将曾国藩、李鸿章及其各路群雄操纵于手中，使他们屈从在自己的绣鞋之下，实在是很不容易。

"长发贼"之乱是清国的一场动乱。谚语云乱世出英雄，此次大乱中也涌现出不少英雄豪杰。功臣或老将原本容易居功自傲，恃其威望，很难管束，此为古今同叹。要想让这些功臣善全其身，当然也就难上加难了。可是，同治帝尚值幼冲，其监护人又是女性，西太后却将这样的事情轻而易举地办到了。功臣们没有表现出任何不满，都心甘情愿为她尽忠，最后功成名就，寿终正寝，这在历史上几无前例。

清国的政治原本比较复杂，政府组织也不单纯，首先需调和满汉，满汉官吏之间如果做不到平衡，就会引起冲突，甚至有可能颠覆以满人为主体的朝廷。加之汉族官吏中，既有安徽党、湖南党、江浙党、粤党等，又有宦官派和京官派；从其主张看，又存在守旧派、进步派、渐进派和激进派。与日本政界不同，清国若将各种各样的官吏统一起来，本身就是一种大事业。因此，即便存在某些失败，西太后身为女性，能够屹立在清国政治舞台上长达46年，实在是个奇迹。

曾国藩像

西太后与李鸿章

西太后有识人之明，能够知人善任，李鸿章就是其中受到赏识和重用的一位。李鸿章的确是清国凤毛麟角的大人物，无论是将其比作东方的俾斯麦，还是像克兰特将军所说的是世界三杰之一，可能都不为过。

前后40年间，李鸿章官至掌握清国政权的大学士、北洋大臣、总理衙门大臣、商务大臣、直隶总督等，封世袭一等肃毅伯（薨后追封太傅，晋封一等侯爵），极尽人臣之荣耀。李鸿章确实堪称一代伟人，西太后也能40年如一日，始终对其委以重任，无论是御史们的数度弹劾，还是有人骂他是秦桧那样的大汉奸，西太后都从未改变对他的信任。这表明西太后拥有君主的肚量，不像一般女性政治家那样猜忌心很重。

曾国藩是位更为伟大的人物，虽其军事战略才能略逊于李鸿章，那是因为政治与外交非其所长。曾国藩的高尚之处，不是因为政治、外交方面的成就，而在于他是一位博览群书的儒者。尽管他与李鸿章存在师生关系，但二人性情却完全不同，所以曾国藩未得西太后赏识而早早隐退。而李鸿章直至78岁高龄，依然活跃于政治舞台。

李鸿章像

西太后还政

同治帝于1862年即位，12年后年已满18岁，东太后和西太后便停止了共同训政，将政权交给同治帝。因为当初曾经约定，皇帝成年后她们便不再摄政。但事实上，清国既无宪法也无皇室典范，所谓训政除外还有摄政、议政、辅政等名称，其权限比较含糊，无法从法律上加以解释。日本的皇室典范，规定天皇及皇太子、皇太孙年满18岁即为成年；关于摄政，也规定仅限于天皇在未成年时即位，或天皇在精神、身体方面有重大不适而无法处理国事；天皇18岁以后，若由于精神、身体原因永久无法理政，摄政政治则会自然停止。

而清国并不存在这样的规定。首先，关于皇帝的成年年岁没有明文规定；其次，对于摄政期限的规定也不够明确。以同治帝为例，18岁时两宫即停止摄政，而光绪帝则在即位12年后，根据群臣恳请，在其19岁时才停止垂帘听政。

如上所述，同治帝在18岁时才摆脱太后控制，但亲政后仅两年便患天花崩逝。关于同治帝这个人物，因资料较少而无法了解详情，但是由于他是西太后所亲生，体内流淌着她的血液，应该承袭她的性情，也是个聪明的人吧！然而，他年仅20岁便驾鹤西去，这对于举步维艰的清国来说无疑是一大憾事。

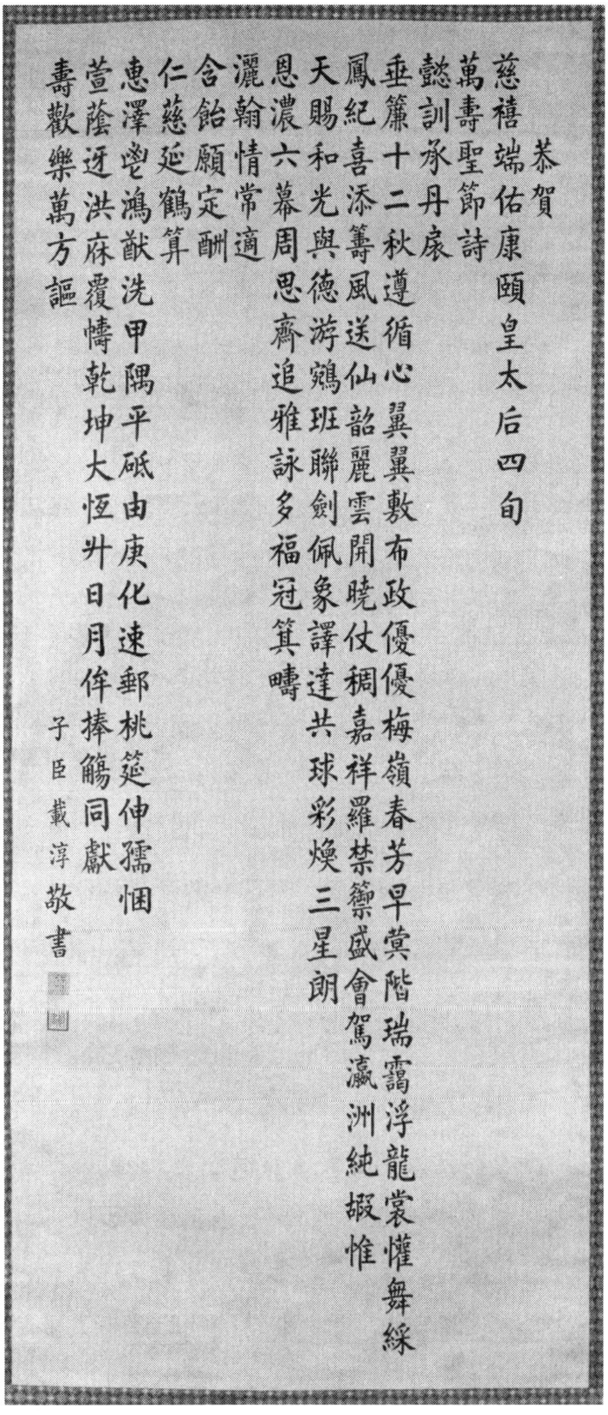
恭賀
慈禧端佑康頤皇太后四旬
萬壽聖節詩
懿訓承丹扆
垂簾十二秋遵循心翼翼敷布政優優梅嶺春芳早蓂階瑞靄浮龍裳懽舞綵
鳳紀喜添籌風送仙韶麗雲開曉仗稠嘉祥羅禁籞盛會駕瀛洲純嘏惟
天賜和光與德游鵷班聯劍佩象譯達共球彩煥三星朗
恩濃六幕周思齊追雅詠多福冠箕疇
灑翰情常適
含飴願定酬
仁慈延鶴算
惠澤鬯鴻猷洗甲隅平砥由庚化速郵桃箋伸孺悃
萱蔭迓洪庥覆幬乾坤大恆升日月侔捧觴同獻
壽歡樂萬方謳
子臣載淳敬書

慈禧太后四十岁生日时，同治帝敬献的祝寿诗

继嗣波澜

同治帝在20岁时突然崩逝，因为没有子嗣，其皇位继承就遇到了重大问题。有些书中说同治帝皇后当时正在妊娠中，如果生下男孩自然就能继承天子大位，但如此一来就应该由同治皇后摄政。西太后因担心失去权力，就以非常手段立了光绪帝，使得同治帝皇后怨恨而死。暂且不论这种说法真伪与否，事实上同治帝确实没有子嗣，所以宫廷内才产生了激烈的明争暗斗。

原来，按照皇位继承排序，应该是道光帝的第五子、咸丰帝的弟弟惇亲王之子端郡王继承大统，此人就是北清事变的那位重要人物。但由于端王不合西太后之意，于是在综合各种因素之后，推出了道光帝的第七子、醇亲王的长子载湉即位，当时他年仅4岁。

这场皇家继嗣风波，究其根源还是由于没有宪法和皇室典范的缘故。清国在皇位继承方面，甚至没有长幼、嫡庶的排序规定，仅仅是依靠一种惯例，也就是皇帝选择其喜爱的皇子，将其名字写在密诏上，再将密诏藏在一个合适的地方。皇帝病危之际，召集众大臣，将密诏公开，从而确定继位人选。如果皇帝突然驾崩，就难以确定继承人了。

清国在立太子方面也没有明确规定。除光绪帝二十六年立端郡王之子溥儁为皇太子，康熙帝也立过太子以外，其他皇帝均未立过太子。这是因为，有人认为如果公开确立皇太子，那位太子就会渐起傲慢之心，或者官吏为了扩张势力而攀附皇太子，进而离间其父子、兄弟之情。

同治皇后像

正因为清国在皇位继承方面的规定很不健全，才会导致如此之弊害。

光绪帝即位

同治帝驾崩以后，在皇位继承问题上引起不小的风波，最终按照西太后的意见，醇亲王之子载湉继承皇位，他就是现在的光绪帝。

如前所述，清国在皇位继承顺序上没有皇室典范之规定，让谁即位完全出自皇帝或摄政者的意愿，光绪帝也属于这种非正常状况。如果按照皇位继承顺序，排在他前面的还有其他继承人。现将道光帝系列举如下：

长子：夭折

二女

三女

四子：咸丰帝（西太后）——同治帝（无子）

五子：惇亲王——端郡王——溥儁（前皇太子）

六子：恭亲王

七子：醇亲王——光绪帝（无子）

道光帝的长子夭折，排行第二、第三的都是女孩，排行第四的为咸丰帝，其子同治帝没有子嗣。因此，从长幼顺序来看，排行第五的惇亲王或其子应该继承大统。但事实上，却是道光帝七子醇亲王的儿子继承了皇位。虽然惇亲王和恭亲王对此颇有异议，但迫于西太后的势力，也只能不情愿地接受了。

当然，从帝系方面来看，光绪帝也算是继承了咸丰帝之后，如果当今皇帝将来能有子嗣，可以作为同治帝的养子，在其百年之后继承同治帝的大统。

总之，尽管光绪帝的即位问题存在不同说法，但因为醇亲王福晋叶赫那拉氏是西太后的妹妹，其子载湉也就是西太后的外甥，在不存在继承法的清国，西太后选择与自己血缘关系最近者继承皇位，也是没有什么错误的。

光绪帝的生父醇亲土奕譞、生母叶赫那拉氏

西太后再摄政

同治帝18岁时，东、西两太后曾一度停止摄政；光绪帝4岁即位，两太后又开始重新摄政。正如前面所言，东太后沉浸于文学，摄政方面有名无实，所以政府实权几乎被西太后一人独占。

从西太后与北清事变的关系看，一定有人认为她是个顽固的人，但事实却完全相反，西太后是非常进步开明的。正因如此，她才重用李鸿章并逐渐引进文明制度。同治二年，在上海设立外国语学校；同治七年，在南京设立江南制造局；同治八年，通好日本；同治十年，在大沽筑洋式炮台；同治十一年，派遣留学生赴美国，同年又设置招商局制造军舰；光绪三年，开始派遣钦差大臣（何如璋）和副使（张斯桂）等人赴日本，又派20名留学生赴英、法；光绪六年，在天津设水师学堂，开通南北洋电报。这些虽说是李鸿章献计献策，但也是西太后对所谓文明制度绝无排斥、欣然采用的结果。

西太后与中法战争

东太后慈安于光绪七年（1881年）去世，此后无论是名义上还是实际上，西太后都独自摄政，其间的光绪九年至十一年，爆发了中法战争。

关于这场战争的因果，说来话长，简要地说是由安南归属问题引起的。黑旗军首领刘永福固执地反对法国人的贪婪要求，对法国的进攻采取坚决抵抗，最终演变为战争。

清国在鸦片战争和英法联军侵略中，最后都是惨遭失败，因此李鸿章频频主张议和，西太后则坚决不同意议和提议，命彭玉麟镇守广东，派杨岳斌赴台湾与刘铭传合力，起用冯子材、李秉衡与法国开战，取得谅山大捷和台湾胜利，结果清国占据上风。对此，时人都惊叹太后的英明决断与明察秋毫。

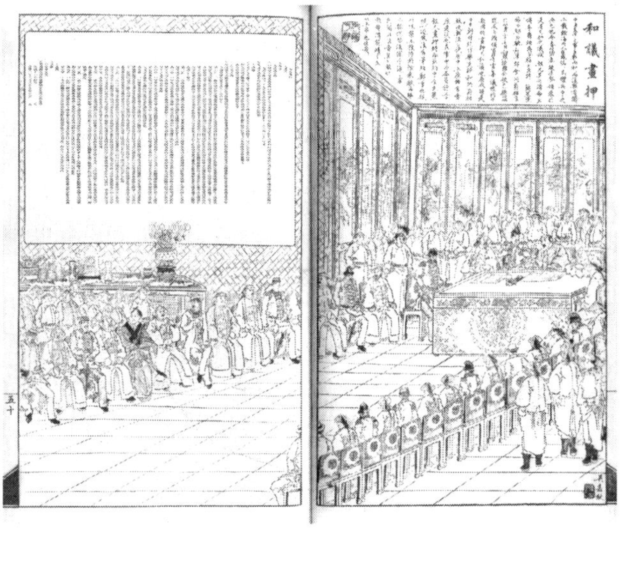

中法议和图

西太后与台湾

清国在中法战争中取得了胜利，但法国的作战计划首先在于占领台湾岛、掠夺福建省城福州，因此台湾受到法国舰队的猛烈攻击。西太后深刻认识到不能忽视台湾海防，于是提升台湾的地位，改其为省，并命大员驻扎。

将台湾改为独立省份，原本是同治十三年办理台湾海防的船政大臣沈葆桢的建议。光绪十一年中法两国订立条约，当时政界要员醇亲王等根据西太后懿旨，参考沈葆桢的建议，决定新设台湾省。同年九月五日，清国正式发布设省上谕；十月，任命在讨伐“长发贼”之乱中立有丰功、众望所归的政治家、一等男爵刘铭传为台湾巡抚。刘铭传在《台湾骤难改设省分谨陈管见疏》中曰：

> 窃照光绪十一年九月初五日，钦奉慈禧端佑康颐昭豫庄诚皇太后懿旨：“醇亲王奕谖等遵筹海防善后事宜摺内奉称：台湾要区，宜有大员驻扎等语。台湾为南洋门户，关系紧要，自应因时变通，以资控制，著将福建巡抚改为台湾巡抚，常川驻扎，福建巡抚事，即著闽浙总督兼管，所有一切改设事宜，该督抚详细筹议，奏明办理。钦此。”行文到。臣查台湾一岛孤悬海外，为南洋门户。诚如圣谕关系紧要，自应时因变通，不能不改设巡抚，以资控制。微臣到台年余，情形稍为熟悉，此中委曲，不得不沥陈圣主之前。（下略）

台湾巡抚刘铭传

由此可见，台湾成为独立省份是出自西太后的圣明考虑，西太后一生深切关心海防之事，由此也可见一斑。

宠宦李莲英

西太后的宠臣中有一个名叫李莲英的宦官，此事是无法隐瞒的事实。此人在宫中侍奉太后数十年，不曾离开太后的左右。去年因某大臣的谏言，李莲英被辞退，据说当时他64岁，也就是比西太后小10岁。目前世间流传着各种传言，诸如太后27岁就成了寡妇，寂寞之余，自然宠爱貌美且口齿伶俐的宦官李莲英等等。但事实上，这样的事情应该不会存在。况且武则天宠爱僧怀义、张易之、张昌宗，日本类似的例子也有很多。西太后即便宠爱一两个宦官之事，也不足为怪。

中国宫廷，每个朝代都有一种叫做宦官的官吏存在，并且具有一定的势力。宦官职责原本不过只是外库的钱粮出纳、宫中扫除、值夜当班、庭园修整、交通工具的维护之类，属于地位低贱之人。但是，在政府与宫廷界限不甚明确的中国，宦官自然会干涉政治，以致铸成大害。回顾秦汉唐宋的历史，宦祸之惨不胜枚举。清国以史为鉴，虽然也设置宦官，但对其职责予以限定，规定宦官为内务府敬事房所属，不得干涉一切外事，品级在四品以下，禁止出外皇城，严禁与外官勾结，因此宦官几乎没有出现什么危害。但是，李莲英则倚仗太后，多少具有插手政治的倾向。

关于李莲英其人，外间了解甚少。过去录用宦官，仅接受那些受过宫刑的人，但那已经是很早以前的事了，现在则普遍从志愿者中选取。据说现在宫中的宦官多出自直隶省河间府，李莲英大概也出生在河间府周边，进宫当宦官时已是二十几岁的壮年。有本书中对他这样描述："柳发凤眸、皓齿红唇、其态悠扬、秀姿无双。"可见他还真的是个美男子，所以立刻引起西太后的注意，很快被提拔为总管太监。如前所述，宫中设有内务府，其下设敬事房管理宦官，敬事房总管官衔为宫殿监督领事和宫殿监正侍，均为正四品。李莲英从下等宦官一路晋升，最后坐上总管太监的宝座，足见西太后对其宠爱之深。

李莲英于去年退职，当时已经是64岁的老人了，但听说看起来比实际年龄还要老态，像是七十四五岁的样子。昔日的红颜美少年，如今变成了白发苍苍、满脸皱纹的老翁。不过据说他的精神状态甚佳，罗马式鼻子坚挺，颐骨弯曲，下唇前突，面如羊皮纸满是皱纹，深陷的眼窝透着慧黠的目光，略显低沉的嗓音带着愉悦的语调。那么，李

慈禧在颐和园仁寿殿前乘舆拍照。前右为大总管李莲英，左为二总管崔玉贵

莲英究竟是如何干政的？他自恃西太后的宠遇，淫威甚至波及鸟兽，诸王大臣都争先恐后对其行贿，希望与之结为同盟，弊害实在不轻。清圣祖康熙帝即位时诛杀宦官吴良镛，而李莲英却能毫发未损地退休，不能不说是他的福分。[1]

1 李莲英“退休”之说有误。事实上，他是在1908年慈禧去世后出宫——编者。

西太后的尊号

“前关白摄政太政大臣”在日本已经是很长的头衔了，但是与西太后相比，则是小巫见大巫了。西太后拥有由慈禧、端佑、康颐、昭豫、庄诚、寿恭、钦献、崇熙16个字组成的尊号。清国在举办上谕等仪式时，非常重视繁文虚礼，所以必须将这些尊号一字不落地全部排列书写出来。但一般情况下，仅取最开头的“慈禧”两个字，称为慈禧皇太后。

皇太后的尊号非常繁复，按照清国的习惯，必须给皇太后恭上徽号，也就是具有吉祥意义的尊号。首先要恭上两个字的嘉名，之后国家每遇喜庆，再追加二字。西太后从成为摄政皇太后开始已有46年，其间自然有过不少喜事，因此尊号累加至今达16字之多。

除了皇帝之外，大臣也参与太后尊号之事。每逢西太后某个整寿，皇帝或诸大臣就会奏请举办增加尊号仪式。然而，增加尊号是需要耗费很大资金的，据说每个嘉名每年需要2.4万块大洋。清国是个崇尚虚礼的国家，除了太后的尊号外，公侯伯爵也根据其功勋赐予美名，这类名号皆为内阁选取，经钦定后记入授爵或袭爵的诏敕内。例如：公爵有忠达公、褒绩公；侯爵有奉义侯、超武侯、毅勇侯；伯爵有毅惠伯、肃毅伯等。已故李鸿章就是肃毅伯。

慈禧太后。上方横联上写着她的一长串徽号

西太后与光绪帝

光绪皇帝像

光绪帝的生母是西太后的亲妹妹叶赫那拉氏，也就是醇亲王的福晋（亲王及亲王的世子、郡王及郡王的长子的正室称为福晋，相当于日本的御息所）。从光绪帝的角度来看，西太后是他的姨妈，当初又排除异论让他即位，二人的关系应该是很亲密的。因此，诸如二人关系不和等谣传，甚至皇帝受到虐待之说，其实都不可信。

一方面，光绪帝年轻气盛，多少具有一些打破旧传统的思想；另一方面，西太后从其年纪、阅历来看，并不喜欢激进的改革。因此，双方自然会产生冲突，有时关系也并不融洽。

但是，谣传皇帝年少时每日听到的都是呵斥声，稍有反抗就遭到鞭笞或罚长跪，见到太后如同面对狮虎般战战兢兢。长大以后每闻敲锣或吼喝之声，就会想起西太后的呵斥，脸色为之大变，等等。此类传言，恐怕并不是事实。

西太后让政

光绪十二年皇帝16岁，西太后懿旨称翌年停止摄政，将政权让给皇帝。但由于诸王大臣恳请，结果直到光绪十五年皇帝19岁时，才还政于光绪帝。西太后在同治末期也曾还政，但第二年皇帝驾崩，光绪帝尚在幼冲，所以又重新摄政，此次是第二次还政。

与同治帝亲政时的情况相同，光绪帝19岁亲政之时仍无法总揽国家大政。还政后的西太后，并非退隐于颐和园而不问政事，因为较之于闲散的宫中生活和文学上的附庸风雅，政治才是她的最大乐趣。所以，朝政依然紧紧掌握在西太后手中。

光绪十五年至二十四年戊戌政变的10年间（1889～1898年），名义上是光绪帝亲政、西太后退隐的时代。

光绪皇后的册立

光绪皇后册立于1886年（光绪十二年），当时光绪帝16岁。皇后的名字不详，但因为她是西太后的侄女，所以应该出自满洲贵族那拉氏。

册立皇后是皇帝的特权，皇后要从满洲贵族家庭的女子中，经过层层严格选拔，再由皇帝按照自己的意愿选择。在清国这个仪式繁复，并且注重母亲权力的国家，皇后的选择又不得不听从皇太后的懿旨。光绪皇后也不例外，她由西太后懿旨确定，光绪帝几乎无法表达自己的任何意见。

清国的大婚典礼，程序甚为严格，预先命礼部纳采（彩礼）、大征，占卜奉迎吉日，命内务府奏闻，工部制金册玉宝，翰林院选拟册文并与礼部商定后进呈，经钦定后送至内阁。纳采是指鞍马、甲胄、币布等彩礼，在确定的黄道吉日里，根据礼部奏请，由尚书一人任纳采使、总管内务府人臣任副使，两使于太和殿受皇帝敕命，抬着彩礼送至皇后宅邸。皇后的父亲穿朝服，率其子弟跪迎于门前，两使传达敕命，皇后的父亲须行三跪九叩礼。仪式结束后，使节离去，在下一个黄道吉日里，朝廷高官来到皇后宅邸，皇后父母分别举办盛大的宴会，这就是纳采筵宴，即内部祝贺宴。其后的某个黄道吉日，朝廷高官来到皇后宅邸，行大征礼，赐予皇后父母金帛、甲胄、弓箭。大婚的前一天，前往天地坛、太庙行祭告礼。大婚当天，行册迎礼。大婚礼极为严肃郑重，大学士一人任奉迎使、礼部尚书一人任副使，数名宫内官吏以及二品以上命妇随行，将金册、金宝及册文、宝文呈至皇后宅邸，授予皇后册宝。仪式结束后，皇后乘凤舆，奉迎使以下前导后扈，出宅邸，至乾清宫，下凤舆，入中宫与皇帝行合卺礼。第二天皇后着礼服拜见皇太后，第三天皇帝至皇太后宫中行礼，之后在太和殿接受百官祝贺，并颁诏告示天下。大婚典礼至此全部完成。当然，这些事情与西太后无关，仅在此顺便介绍。

《光绪大婚图》中的纳采宴

光绪帝后的关系

日本漫画中的中国皇帝与皇后

如前所述，清国的皇后几乎都是皇太后所选择，光绪皇后同样如此。但不幸的是，光绪帝对这个皇后并不中意，因此留下了一段婚姻悲剧。

先说皇后的容貌，应当称作丑妇，因幼年患过水痘，脸上留有疤痕；再看皇后性格，在女性中则过于活泼，与文弱的光绪帝形成强烈对比。所以，夫妇间的感情很是冷淡。而且皇后自恃西太后的关系，经常将皇帝的一举一动告密于太后，皇帝对此很是气愤，因此宠爱珍妃、瑾妃两位贵妃，与皇后的关系也日渐疏远。

如此一来，皇后于光绪二十年患上重病，不治而终，只当了8年皇后。[1]

1 事实上，光绪皇后病逝于1913年——编者。

西太后与日清战争

1.开战并非懿旨

西太后摄政期间，清国发生了很多变故。战争方面，有“长发贼”之乱（于摄政三年平定）、中法战争、日清战争、北清事变、日俄战争。其中，日清战争使清国受到很大打击，也令西太后更为忧心。这场战争的起因在于朝鲜的领属纷争，起初清国并没有打算将其发展成为战争。当时，事实上的驻朝鲜全权公使、商务总办袁世凯，以及清国驻日本公使汪凤藻等人的报告，没有掌握问题的核心。加之以东洋俾斯麦自

西方人绘制的漫画《中日朝鲜相争图》

居的李鸿章，又出乎意料地不谙日本情况和世界局势，向西太后做了错误的奏报，最终演变成日清战争。西太后最初是主张和平的，但由于身边没有可靠之臣出谋划策，结果误了大事。

光绪二十年甲午之岁，对于日本和清国皇室来说，都应该是一个喜庆之年，不幸的是却发生了日清战争。这年3月9日，是日本天皇和皇后两陛下大婚25周年庆典，举国上下都在祝愿两陛下万寿、皇室吉祥和国家繁荣；清国则迎来了西太后六十寿辰，按照惯例，为太后恭上“崇熙”二字徽号（至此成为现今的16字尊号），诸王大臣也得到了各种赏赐和恩典。恭亲王获赏最多，得到御书匾额一面和头等护卫1名、二等护卫1名、三等护卫2名。其下从庆亲王、礼亲王、额勒和布、张之万、孙毓汶、徐用仪、桂祥、福锟、翁同龢、李鸿藻、敬信、张荫桓等朝中重臣，到李鸿章、刘坤一、张之洞、王文韶、邵友濂、吴大澄、刚毅、长顺、依克唐阿、荣禄、叶志超、董福祥、丁汝昌、聂士成等地方大员，全都得到了相应的赏赐和恩典。此外，朝鲜也远道派遣使节前往贺寿，正使李成纯、副使闵泳喆于八月十二日（清历）入京，向西太后献上朝鲜国王写的万寿表文及各种珍品。对此，美国人林乐知的《中东战记本末》、上海蔡尔康的《藩王恭顺记》中都有所记载。由于蔡文记述的是朝鲜祝贺使来朝之事，所以藩王当然是指朝鲜国王。其文末写道：“朝鲜不受祸乱所限，为西太后寿辰庆贺派遣特使，是为殊胜之事，此为西太后的德望使然。”该文还写道：

> （前略）夫以朝鲜受祸之酷，几于宗社邱墟，而值庆典崇隆，犹不敢稍变初心，致隳末节，似此恭顺，实可显白于五洲，皇太后柔远之恩，自宜有加无已。乃蠢尔日本，犹欲以改革内政、助令自主为词，诚天下之妄人矣。

日本明治天皇召开御前会议，讨论对华作战

如此一来，清国舆论便相信，朝鲜无论如何都是自己的藩属国。而日本却多嘴多舌，插手其内政改革之类，简直就是多管闲事。西太后当然也信以为真，于是以清国元勋、通晓世界情况的李鸿章为首，包括张之洞、刘坤一等大臣，全都站在了主战派一边，认为日本这个蠢蠢欲动的小国难成气候，如果敢对朝鲜事务横加干涉，就派大军将其一举击破，并不断上奏建议开战。于是英明的西太后，也被他们的说法所迷惑，允许与日本国开战。如果说这是西太后的失策，未免过于苛刻，但恭亲王、李鸿章等王大臣确应承担责任。

2.虚假的战报

虽说与日本开战是由于李鸿章等人蒙蔽太后所致，但开战后李鸿章等已意识到自己的错误。为了掩饰错误，他们将失败谎报为胜利，向西太后做了一个谎话连篇的战报。牙山战役的失败就是一个典型例证。关于此次战役的经过无需多言，它发生在明治二十七年七月二十八日，直隶提督叶志超的军队被日本大岛混成旅团打得七零八散。然而，李鸿章却颠倒事实，谎称取得大胜，西太后信以为真，还赏赐白银2万两。其上谕如下：

> 上谕：朕钦奉慈禧端佑康颐昭豫寿恭钦献皇太后懿旨。据李鸿章电称，直隶提督叶志超一军，在朝鲜牙山一带地方，于六月二十五六日等日，与倭人接仗，击毙倭兵二千余人，实属奋勇可嘉，加恩著赏给该军将士银二万两，以示鼓励戎行至意。钦此。（清历七月三日）

牙山战役中被日本大岛混成旅团打得大败，将士伤亡2000余人，但电报内容却如此滑稽。关于该战役的详细报告，清历七月二十六日的上谕中又这样写道：

> 上谕：前因叶志超一军，与倭人接仗获胜，仰荷慈恩，颁赏

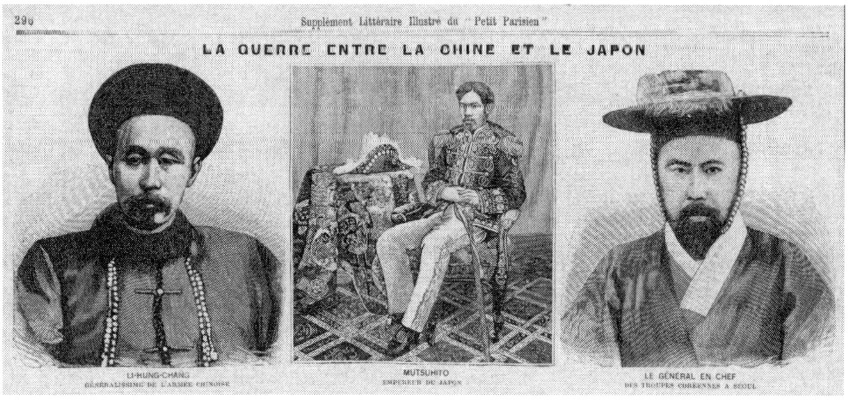

西方报纸刊登的甲午战争的关键人物。左起：李鸿章、日本明治天皇、朝鲜高宗

银二万两，以示鼓励。嗣据电奏，该军欲移公州，而倭兵二万余人，突来围袭，我军奋勇对敌，鏖战六时之久，倭兵死者千七百余人，我军伤亡三百余人。该提督等以众寡势殊，设伏退敌，遂率兵东渡汉江，暂驻平康，自请严议，并请将出力及阵亡将士勇丁，分别奖恤等语。叶志超一军，本为朝鲜定乱，兵数不多，此次途遇倭军，数倍于我，四合攻扑，卒能以少击众，全师而出，虽有伤亡，功过足以相抵。所请严议之处，著加恩宽免。该军将士，冒暑苦战，奋勇出力，深堪嘉奖。著准其择尤奏保，阵亡士勇，即著查明请恤。现在该提督已抵平壤，与大军相合，即著统帅诸将，协力进剿，迅奏肤功，以慰悬盼。钦此。（清历七月二十六日）

真是越看越滑稽。特别是清历七月二十八日的上谕中，李鸿章的假捷报愈加夸张，甚至有“叶志超督军力战，以少击众，自六月二十七日以后，迭次歼毙倭兵，不下五千余人”的字句，最终使聂士成获赐“刚勇巴图鲁”名号，江自康获赐黄马褂，其他将校皆获厚赏。可怜的西太后，虽然是个明智之人，却终究是个女性，不谙军旅之事，遂因李鸿章等人误了大事，为其执政生涯留下一大污点。

西太后在日清战争中也是用心良苦，为了清军的奖励恤救竭尽全力。光绪二十年七月二十九日（日本明治二十七年），她下懿旨恩赐平安丹药40匣给平壤的叶志超军营；同年十一月二日，下懿旨恩赐皮袄15000件给宋庆军队；并且下旨缩减宫中费用，赐内帑银300万两和京制钱2万串，希望军队得到足够的补给，使得当时的清军感激涕零。

如前所述，光绪二十年十月恰逢西太后六十寿辰庆典，光绪帝欲率群臣赴万寿山颐和园举办盛大庆贺典礼。宫中也比往年更为重视，早早就着手准备，从皇宫到颐和园的沿途街道上，点缀了各种各样的景物，还打算建一座经坛。然而，就在此年的七月日清战争爆发，所需经费繁

日本人绘制的《甲午海战图》

多。尽管光绪帝及诸王大臣屡次恳请，不管怎样寿辰典礼都要照常举办，西太后却说："在两国生灵罹受烽火战乱之际，朕独侈耳目之观，受台莱之祝，于心何忍！"于是仅下令在北京宫中举办了一个简单、朴素的仪式，为寿辰准备的300万两白银，则下令作为将士的抚恤金悉数恩赐下发，这就是西太后的伟大所在。

3.割让台湾给英国的提议

面对日清战争中屡战屡败的局面，光绪二十一年初，清政府内部出现了议和的提议。西太后当然同意议和，为了能够尽快解救生灵于涂炭，遂任命户部左侍郎张荫桓和前福建台湾巡抚调署湖南巡抚邵友濂为钦差大臣，德国人德璀琳随行，出使日本。他们于清历正月初六日到达

日本人描绘的李鸿章与伊藤博文谈判场景

广岛，但日本以全权委任状内有不明之处为由拒绝谈判。于是西太后又任命李鸿章为议和大臣，于日本时间三月二十日到达马关，与日本伊藤博文和陆奥宗光全权大臣展开和平谈判。因为清国事先已经想到日本会要求割让台湾，所以曾有人提议，在台湾被日本割走之前让给英国。提出这一建议的，就是张之洞和广学会督办李提摩太。二人提议的先后顺序虽然不详，但总体来说，他们都不约而同持此主张。张之洞是位好胜心很强的老人，对清国战败深感愤怒，所以认为与其将台湾割让给日本，毋宁先期让给英国，这样还可以借助英国的后援，与日本一决高下。据说张之洞曾请总税务司做中间人，将此事报给了上海的英国总领事，总领事又报告给当时的英国首相罗斯伯里伯爵，但遭到拒绝。李提摩太也向当时的南北大臣建议，提出了华英相助的四项条件，并献策不要把台湾割给日本。总而言之，把台湾让给英国的说法曾盛传一时。吴德功在《让台记》一文中，就这样描述当时谈判的情形：

> （前略）政府承旨。传电至英。另伦敦遽星使（照瑗）往谒外部大臣金不里，愿以台湾来赠，而请英廷支持合约，以遏日使方张之焰。且杜曰帅籍战以为挟制之阶。金不里辞而不受。甫越数日，龚星使又命驾至外部，但言钦奉朝命，实愿以全台相赠，务祈隶入版图。至于日本之事，则竟字不提。金不里大臣更以为异，叩问慨然惠赠之故。星使实告之曰：英国之海岛与中国为邻。五十年来，毫无窒碍（盖指香港而言），一也。日本必索台湾，以署和券。中国不愿任高自期许之国，好动不好静之人，实逼处此，二也。台湾为中国南省之外蔽，若遭日本所占，倘渐塞扬子江之口，而扶苏闽两省之心，其险不可思议，三也。夫是以愿赠贵国也。金大臣仍力辞之，且曰此非本大臣之忘情于贵国也，亦非敌国之却地以示廉也。贵国悯悯而赠之，敌国味味而受之，于英无利，于华有害。是以辞也。（下略）

由此可见，当时的清国驻伦敦公使龚照瑗受本国电命，发挥苏张之辩向英国外相说明赠与台湾之事，并且认为这等天上掉馅饼的好事，英国肯定二话不说就会答应。结果出乎意料，英国却以没有理由而无法接受馈赠为由，毫不留情地拒绝了。不管此事虚实如何，当时清国大员中有人持这种主张，着实令不了解情况的人为之震惊。日清战争初起，连英国都对两国的胜败没有把握，态度也比较暧昧。从高升号击沉到上海的中立问题，以及东洋舰队司令长官斐利曼德中将阻碍舰队联动等，或许是对清国表示同情。但清国内部持短视论者，却一度认为应对英国表示友好。但是，随着战争大势已定，英国的态度却急转直下，不再对清国表示同情，对割让台湾的意图自然不会接受。清国大员对此并不知情，所以才提出让台之说。由此可见，当时清廷中没有人能够看清时势，西太后也无从得到合适的策略，这就注定了清国在日清战争中的败局。

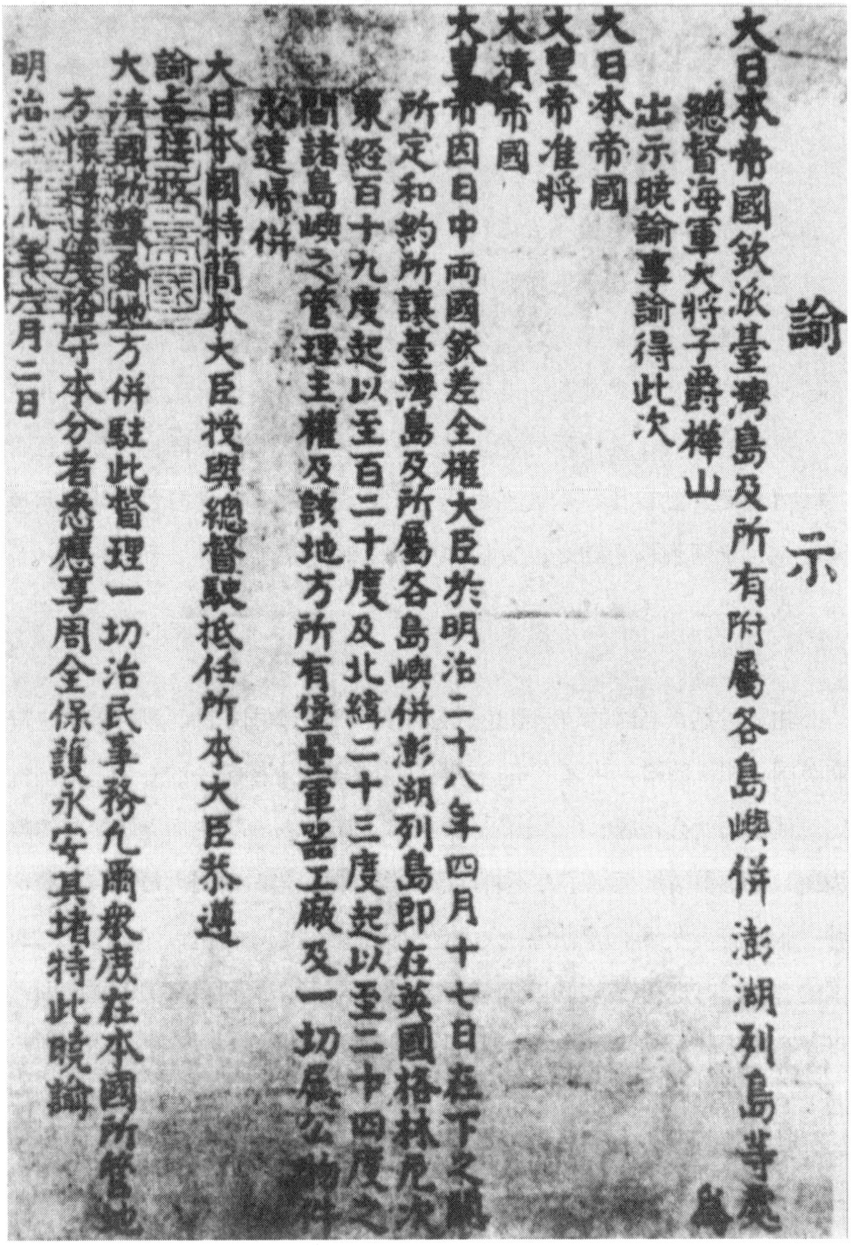
諭　示

大日本帝國欽派臺灣島及所有附屬各島嶼併澎湖列島等處

總督海軍大將子爵樺山

出示曉諭事諭得此次

大日本帝國

大皇帝准將

大清帝國

大皇帝因日中兩國欽差全權大臣於明治二十八年四月十七日在下之關

所定和約所讓臺灣島及所屬各島嶼併澎湖列島即在英國格林尼次

東經百十九度起以至百二十度及北緯二十三度起以至二十四度之

間諸島嶼之管理主權及該地方所有堡壘軍器工廠及一切屬公物件

永遠歸併

大日本國特簡本大臣授與總督駁抵任所本大臣恭遵

諭旨接收

大清國所讓各地方併駐此督理一切治民事務凡爾衆庶在本國所管地

方懷[illegible]恪守本分者悉應享周全保護永安其堵特此曉諭

明治二十八年六月二日

1895年6月2日，日本正式公告吞并台湾及澎湖列岛

戊戌政变

1.对西太后的不公

光绪二十四年（明治三十一年）戊戌政变，最令人痛心的是帝后冲突与决裂，并由此上演了一场大的悲剧。政变的结果是，于光绪十五年19岁时开始亲政的光绪帝，在29岁时又重新成为傀儡皇帝。而表面上已经停止训政、退隐而居的西太后，在10年后又重新开始掌握政权，公然进行垂帘听政。

对于戊戌政变，由于世人的看法不同，说法也因人而异。无论说它是守旧派和改革派的冲突，老年派和少壮派的冲突，还是满汉之间的矛盾，归根结底都是西太后与光绪帝的冲突。政变的真正原因是，由于在日清战争中大败，清国的腐朽无能已暴露无遗，德国占领了胶州湾，俄国租借了旅顺、大连，英国则占领了威海卫，面对这些割占土地的强盗行为，忍气吞声的清国官民都怒目而视，准备奋发图强。血气方刚的光绪帝尤为激愤，认为保全和恢复祖业的途径只有变法自强，于是着手开始改革，结果却与守旧派发生了巨大冲突。下面先来看看短暂让政后的西太后。

光绪十五年，西太后声称准备将政权交给光绪帝，但那只是名义上的让政，事实上她依然紧握大小权力，光绪帝只是坐拥皇帝虚职。这一点从光绪帝亲政期间，上谕中仍以“奉皇太后懿旨”为开头，就可以看得十分清楚。西太后生性喜好骄奢，凡事流于华美，令有志之士感到愤

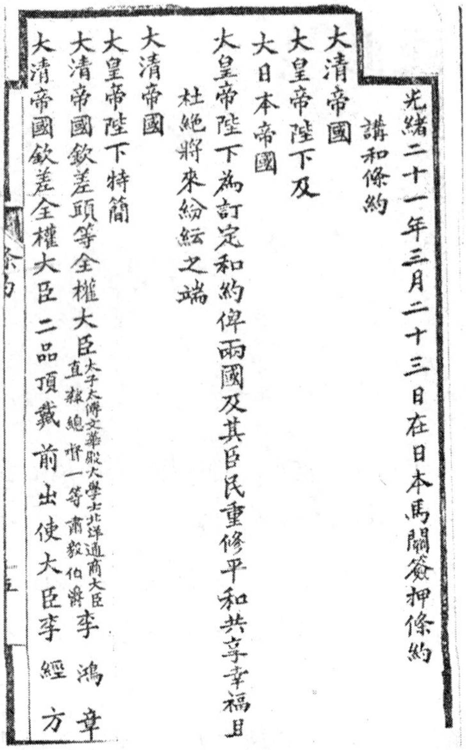
光緒二十一年三月二十三日在日本馬關簽押條約

講和條約

大清帝國

大皇帝陛下及

大日本帝國

大皇帝陛下為訂定和約俾兩國及其臣民重修平和共享幸福且

杜絕將來紛紜之端

大清帝國

大皇帝陛下特簡

大清帝國欽差頭等全權大臣太子太傅文華殿大學士北洋通商大臣直隸總督一等肅毅伯爵李鴻章

大清帝國欽差全權大臣二品頂戴前出使大臣李經方

中日《马关条约》局部

慨。而且，由于她积威积势，王大臣无人敢于谏言，否则就会立刻受到残酷的处分。正如前面所说，大学士文廷式说女流参与朝政，不啻牝鸡司晨，立刻就被免了职。御史安维峻直言太后不应束缚皇帝，也立刻被罢黜官职。其上谕曰：

> 谕内阁：近因时事多难，凡遇言官论奏，无不虚衷容纳；即或措词失当，亦不加以谴责。其有军国紧要事件，必仰承皇太后懿训遵行，此皆朕恪恭求治之诚心，天下臣民早应共谅。乃本日御史安维峻呈递封奏，托诸传闻，竟有皇太后遇事牵制，何以对祖宗天下之语，肆口妄言，毫无忌惮。若不严行惩办，恐开离间之端，安维峻著即革职，发往军台效力赎罪。以示儆戒。（下略，光绪二十年十二月初二日）

吏部右侍郎汪鸣銮、户部右侍郎长麟也都是刚直之士，均对光绪帝的境遇深表同情，召封之时屡奏太后专权。西太后闻之，也对他们进行免职处置。当时的上谕如下：

谕内阁：朕敬奉皇太后宫闱侍养，夙夜无违，仰蒙慈训殷拳。大而军国机宜，细而起居服御，凡所以体恤朕躬者，无微不至，此天下臣民所共知者也。乃有不学无术之徒，妄事揣摩，辄于召对之时，语气抑扬，罔知轻重。即如侍郎汪鸣銮、长麟，上年屡次召对，信口妄言，迹近离间。当时本欲即行宣播，因值军务方棘，恐

光绪皇帝便服像（清宫廷画家绘）

致有触圣怀，是以隐忍未发。今特明白晓谕，使诸臣知所儆惕。户部右侍郎长麟、吏部右侍郎汪鸣銮均著革职，永不叙用。此系从轻办理，嗣后内外大小臣工，倘敢有以巧言尝试者，朕必加以重罪。尔诸臣当知忠孝一原，精白乃心，弼余孝治，有厚望焉。钦此。（光绪二十一年十月十七日）

西太后的压制之甚与光绪帝的战战兢兢，从上面的谕旨中即可窥见一斑。而下节介绍的宦官寇连材的谏文，又是了解帝后关系的绝好材料。总而言之，西太后与光绪帝的冲突不可避免。

2.宦官寇连材的直谏

宦官中有一人名寇连材，锐敏有才，任奏事处太监一职。他为人刚直，平素同情光绪帝的境遇，对西太后的专横倍感愤慨。终于有一天，他下定决心向西太后进行直谏：“今上英明、励精图治，不可掣肘陛下，方今国步多难，陛下宜废不用之土木，慎用国币之浪费，以圣意注邦家之前途。”等等。

西太后勃然大怒，立刻下令将寇连材处以腰斩之刑。正如其他记述西太后与光绪帝关系的文章一样，寇连材之文的真伪虽无法判断，但关于事实的情况却可以想象，其大意如下：

中国四亿人中，境遇最苦者莫如我皇上。盖凡人当孩童之时，有其父母亲爱，顾复其出入，料理其饮食，体慰其寒暖，即便为孤儿亦必有亲友，给其抚慰。唯独皇上，五岁即登基，登基以后，无人敢给其关爱。连醇邸福晋（光绪帝生母）都不许亲近，更何况没有名分之人。而有名分可以关心皇上之人，唯西后一人，然而西后骄奢淫逸，绝不为念。所以，皇上伶仃异常，醇邸福晋每言及此，必悲感涕泣。

皇上每日三膳，菜品数十品，满案罗列，然而距其宝座稍远的菜品，多半既已腐臭，那是连日皆供以原菜品所致。距宝座较近的菜品，虽并未腐臭，但却大多久熟干冷，难以入口，皇上每餐多不能饱腹，有时欲要求御膳房更换某一菜品，膳房必奏明西后，西后则以俭德责难皇上，故皇上竟不敢言。

西后待皇上疾声厉色，少年之时每日呵斥之声不绝于耳，稍不如意，便加以鞭挞，或罚其长跪。因此，积威既久，皇上见西后如见狮虎，战战兢兢、胆破心惊。皇上与皇后每日至西后前，跪拜请安，但西后与皇上之间接谈甚少，不命其起身则不敢起身。甲午五六月高丽军事既起，皇上请奏停止圆明园工程以充军费，西太后大怒，从此以后直至乙未九月，凡二十阅月，几乎无需一言，每日必罚其跪两个时辰之久以后才命其起身。

不过，尽管宫廷中有许多秘密不为外界所知，但这样的事情还是不太可能发生。光绪帝无疑是个明君，世间流传着各种各样有关他的传说，在他30岁前后也不会甘心接受如此待遇！这些传闻想必是清国人自己的想象与杜撰吧。世界上没有哪个国家比清国更重视亲权，他们对亲权的重视程度几乎超出了我们的想象：如果母亲有命，再过分的孩子也必须诺诺遵从。更何况西太后已摄政20年，势力惊人，对于满汉大臣都机关算尽。光绪帝身边仅有太傅翁同龢及有限几个近臣追随左右，虽说身为皇帝，却几乎毫无势力，这也是作为继子没有办法的事情。更何况西太后喜好奢华，日清战争时虽有节省寿辰费用300万两，作为恤兵费赐给军队之举，但颐和园的修建和营造还在继续。

综合这些来看，寇连材的记述也并非完全不可信。光绪帝的境遇始

颐和园石舫旧影

终如此，心中多有不平，加之与康有为等改革派想法接近，又想摆脱西太后的束缚，行亲政之实，于是就有了戊戌政变。

3.康有为其人

戊戌政变与日本的明治维新类似，暂不论其成败得失，它是朝政维新、统一政权和拯救衰亡的最好手段。假如这一事业取得成功，光绪帝也就自然成为通过变法取得自强、被世人所仰止的英明天子，康有为以下的志士仁人也就成了维新元勋，清国当然也会重获与今日不同的活力。但可惜的是，它以全面失败告终。其失败的原因有很多，诸如：时机尚早；光绪帝虽然英明，却没有强臣辅佐；以西太后为中心的保守党势力，虽濒临崩溃却强于德川幕府；改革派多为书生志士，缺乏有实力者；改革急于求成，对国情和周边关系顾及较少……当然还有其他一些原因，但最主要的大概就是这些吧。如果当时能有两三个像日本萨长土肥那样的雄藩，如袁世凯、张之洞等元老为后盾，维新应该不至于如此脆弱吧。康有为等一群普普通通、只有豪言壮语的有志之士，没有联合任何有力人士，也没有任何强大后援作依靠，仅凭赤手空拳，就试图对数百年积弊进行大改革，其轻举无谋着实令人惊讶。因此，其结果也就必然是西太后复政，光绪帝被幽禁，康有为等人被定重罪。

戊戌政变中最大的人物莫过于康有为。康有为的学问文章非常了不起，但是正如梁启超所评价：与其说他是政治家，不如说他是教育家；与其说他是实干家，不如说他是理想家。他是理论家、教育家和学者，但在实干方面的手腕和政治经验却几乎为零。从其著作和白皮书的内容来看，他的确堪称大家，但具体实施改革就寸步难行了。虽说不能仅以成败论其是非，但他确实是位先觉的有志者，而非可以担当大任的改革家。当然，康有为也有其过人之处，他从一介书生一跃成为总理各国事务衙门章京，大刀阔斧地实行全面改革，虽然无枪无炮，有些轻举妄

康有为

梁启超

行，但大胆无畏的精神却值得敬佩。在他眼里没有西太后，也没有满洲诸王大臣，更没有地方的元老督抚。他看到日本国的王政维新史大为感慨，决意牺牲一己之身以求变法成功，并以日本的西乡隆盛和木户孝允自居。正因为他是如此英敏的学者，所以以他为代表的四五位有志之士，对于改革大业的成功可能也并未抱有太多幻想，或者说早已预料改革会遭到失败。但他却愤然而起，义无反顾，先天下之忧而忧，决心为改革而献身。他志向高远，孤忠可怜，不愧为忧国志士。戊戌政变发生在光绪二十四年，仅仅维持了短短百日，鉴于世人大都对其概况有所了解，梁启超等亡命志士所写的文章也相对丰富，在此仅作以上简要交代。

戊戌政变的主人公康有为，字广夏、号长素，出生于“清国志士之乡”广东省广州府南海县，世代为广东名族。其曾祖父和祖父都是学者，从叔祖康国器曾任广西巡抚。父亲康达初英年早逝，母亲劳氏育有康有为、康广仁二子。康有为幼年丧父，自幼接受祖父康替修（曾任连州教谕）的教育。19岁时祖父也离开人世，康有为师从广州大儒朱九江学习。6年后朱九江去世，康有为遂隐居南海西樵山自学，其号“南海”即由此而来。

康有为隐居西樵山4年后，决心赴北京游历。途经香港、上海等地，他看到与新学有关的翻译书籍，感到非常新奇，遂将江南制造局及欧美基督教会的译作全部买来通读。到了北京以后，他结交各官民志士，并北出山海关，登万里长城，返程后再南游江汉，遍游各省，增长了不少见闻。

康有为经过五六年的游历之后返回广东，于光绪十七年在长兴里开设学校，教授学生，师从者包括梁启超等在内，人数甚多。康有为认识到新学的必要性，曾向时任两广总督的张之洞建议开办翻译局，但没有得到许可。其后，康有为又到桂林讲学。甲午日清战争后，他意识到不应久居华南，于是重新北上至京，得到张之洞、袁世凯等人的赞成，在北京成立强学会。学会的纲领是变法自强，其主旨即变祖宗之大法，在于变弱为强。变法图强虽然适应时势，但换言之即为革命，因此深为北京顽固派所痛恨，学会很快就遭到封闭。可康有为并没有就此屈服，随后又非常时宜地设立保国会，旨在维持清国土地政权、辅翼人民自立、拥护孔孟之道、讲内治变法之事宜、谋外交之振兴、论究经济之实际，以助有司之治。光绪二十三年三月二十七日，保国会在北京南横街粤东馆举办开会仪式，第二次会议在松筠庵谏草堂召开，参会的公卿朝士多达数百人。但是，保国会终究是与强学会一样，讲究革命主义，因此从御史潘庆澜的弹劾到顽固派反对者众多，最终仍以闭会告终。

康有为乃一介书生，并非有名之士，却于光绪十五年伏阙上书，痛论时势，论述变法自强的必要性。这年光绪帝19岁，正逐渐亲政，康有为的上书没能上达。甲午战败之后，康有为又与有志之士千余人联合上书，最终也未能上达。此外，对于胶州湾租借、旅顺大连占领问题，他也曾上书，前后4年时间共上书7次之多。世间无识之人都视其为狂人，实际上他非常平和，此间还著有《孔子改制考》，公开万言策，光明正大地论述自己的意见，议论卓拔，见识超迈。于是，康有为的名字很快就广为人知，南海先生成了一位了不起的人。

康有为虽然多次上书，但都没有得到光绪帝的许可，因为光绪帝仅仅是名义上亲政，实权仍掌握在西太后手里，皇帝依然被束缚着自由、凡事不能做主。因此，关于政权统一、变法自强等可能对现政造成影响的上书，均在中途即被阻拦下来。当时，光绪帝有珍妃、瑾妃两位妃子，其中珍妃性情活泼，深得光绪宠爱，在她的传递下，康有为的某次上书才传到皇帝手中。皇帝看到上书甚为满意，对康有为赏识有加，欲加重用。而正式推荐康有为的人是张荫恒，此人曾出任欧美各国公使12年，略通世界大势，自然属于进步派。他见皇帝思变心切，急于治理政

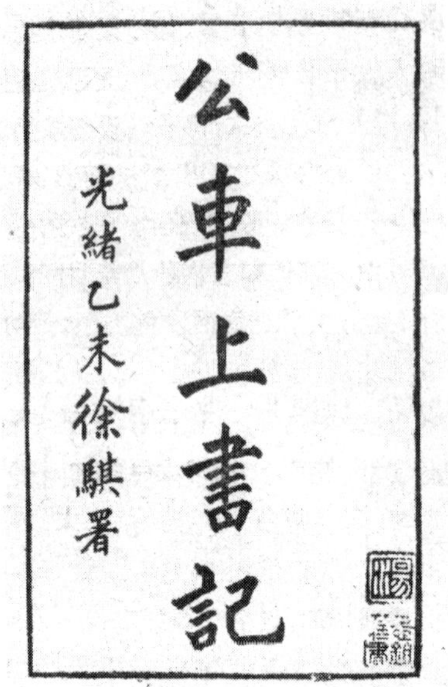

康有为《公车上书记》

务，便推荐了康有为。光绪帝曾欲破格召见康有为，但遭到恭亲王的阻拦，直至恭王去世，才赐予康有为破格召见之荣，着手进行改革，但很快便一败涂地。

康有为堪称中国一流的有志之士，旅顺、大连租借之时，他便在愤慨之余毅然上书，其中有这样一段陈辞：

> 特派奴才，持国书赴俄国，面见俄国君臣，辩论此事。奴才当痛哭流涕，效申包胥，九日不食，竭诚相感。倘俄国君臣幡然不索两处，是则皇上之威灵，天下之幸事，奴才可归复主命；若俄国固执不能解免，则立即自尽效鲁仲连，踏海而死，使欧洲各国，知中国兵虽不强，士气尚壮。

他以战国时代的志士申包胥、鲁仲连辈自居，但从其堂堂变法自强的主张来看，又只能说是幼稚的书生之论。但无论如何，即便最终变法失败，康有为仍不失为清国政治的先觉者，因为他开启了宪政准备和制度改革之先声。戊戌政变时其他6位志士皆殉国，康有为则逃之夭夭，有人因此攻击他贪生怕死，这种评价实在过于苛刻。

4.谋略不足的改革

日本明治维新是依据明治元年三月十四日的五条御誓文进行的，御誓文基本确定了日本国是。同样，清国的改革事业虽然失败，但光绪戊戌四月二十三日下达的国是诏书，也依然是清国维新史上值得大书特书的事情。此前，热心于新政、新学的光绪帝，在康有为等人的建议下废止八股文和科举制度，同时命其着手其他各项改革准备。国是之诏颁布后，改革更是大张旗鼓地展开，大有一展宏图之势。诸如：六部九卿衙门全部废止，建十二局，另置制度局，合并湖北、广东、云南三省督抚，废止有名无实的粮道、监道等；开大学堂，设译书局，刊发官报；设经济特科选拔人才，废除庸兵、节饷，等等。一时之间，被尊为祖法大典的《大清会典》中所记载的官衔几乎全部被废除，再按新规设衙置官。

虽然部分急进派对改革拍手欢迎，但对于以西太后为首的朝野官

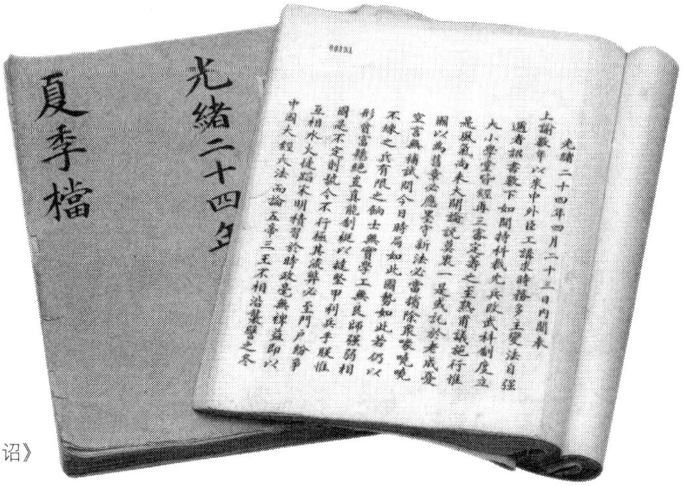

光绪帝《明定国是诏》

民，却无异于晴天霹雳，目瞪口呆。其实，以西太后为首的守旧派事先已经料到改革不会成功，政权迟早会重新回到他们手中。满汉顽固派大臣和内务府官吏们谒见西太后，声言不能进行改革，请求废止新政，胸有胜算的西太后只是对此笑而不答。于是那些人就固执地不断请求，上奏称如若放任皇上为所欲为，如果破坏祖宗大法，后果不堪设想。西太后却微笑着叱责说："汝管此闲事何为乎？岂我之见事犹不及汝耶？"可见一切都在她的掌控之中。西太后的亲戚、同时也是其心腹的荣禄，则直言说："姑俟其乱闹数月，使天下共愤，罪恶贯盈，不亦可乎？"

由此可见，西太后及其守旧派大臣不会允许戊戌改革取得成功，但年轻气盛的光绪帝对此并没有察觉。康有为等甚至误认为太后方面的沉默是慑于改革气势，他们等候已久的时机已经到来，于是便旁若无人地展开了离奇的改革。当然，康有为派中也不乏担忧改革前途的远虑者，康有为的亲弟康广仁就是其中之一。康广仁虽然文章学问不及乃兄，但却颇有先见之明，他对正醉心于改革而得意洋洋的康有为说：

> 阿兄可以出京矣。我国改革之期，今尚未至，且千年来，行愚民之政，压抑既久，人才乏绝。今全国之人才，尚不足以任全国之事，改革甚难有效。今科举既变，学堂既开，阿兄宜归广东、上海，卓如（梁启超）宜归湖南，专心教育之事，著书、译书、撰报激励士民爱国之心，养成多数实用之才，三年之后，然后可大行改革也。

康广仁劝说康有为，认为改革时机尚未到来。即便改革取得一时成功，也没有人能够胜任新政，所以预断改革必然无效，劝康有为尽快离开北京，返回广东慢慢培养人才。可以说，这个意见颇有见地，但正在得势之时的康有为却对此置若罔闻。于是，康广仁又劝兄长道：

康广仁

自古无主权不一之国而能成大事者。今皇上虽天亶睿圣，然无赏罚之权，全国大柄，皆在西后之手。而满人之猜忌如此，守旧大臣之相嫉如此，何能有成？阿兄速当出京养晦矣。

这也是颇有远见的建议。如果当时康有为听了弟弟的劝说，在守旧派反扑之前尽早离开北京，即便是改革事业向后推迟，戊戌政变可能也不会发生，谭嗣同等志士也不至于悲惨罹难。康有为对待改革操之过急，对时势洞察不足，最终掉进了守旧派事先挖好的陷阱，实在令人遗憾。戊戌改革始于清历光绪二十四年四月二十三日的国是之诏，终于同年八月六日的实行垂帘听政上谕，西太后开始第三次摄政。光绪皇帝的得意时期实在短暂，仅仅维持了不到4个月的时间！

5.改革派的苦闷

光绪帝是个没有实权的皇帝，身边更是没有可靠而有实力的强臣，满朝大臣大多站在西太后一边，其中虽有一些人标榜不偏不党、保持中立，但事实上不过是首鼠两端、持观望态度的观潮派。康有为等改革派拥护光绪帝着手改革，但由于缺乏坚强的后盾，对改革前途无法把握，所以频频在中央年轻官员和地方实力大员中寻找同盟者。

如果戊戌改革能以稍稍温和的方式循序渐进地进行，应该会在中央和地方获得很多有力支持者。对于康有为的变法自强说，张之洞和袁世凯都颇有同感，强学会成立之初，以张、袁为代表的大员也陆续持赞成态度。尤其是广东、湖南，可以说是改革派的根据地。广东原本就比较进步，对满洲人的朝廷不甚满意，又有康有为、梁启超、孙逸仙等人士极力鼓吹改革，改革派的势力相对强大。湖南也是进步派占优势的一个省份，时任巡抚的陈宝箴与其子陈三立，在湖南大力开发人文，并期得诸省倡议，集聚了大批进步人才，任命黄遵宪（曾是驻日本国公使）为湖南按察使、徐仁铸为湖南学政。其他先觉者，如谭继洵（湖北巡抚）、谭嗣同（谭继洵之子）、江标（前任湖南学政）、梁启超等，均倡导新学、新政，大有风靡他省之势。

总而言之，从中央到地方，不满朝廷腐败者、忧虑清国衰运者和对西太后的专横不悦者，都不在少数。如果变法自强的言论和实行方法比较得当，定会博得天下同情，守旧派也将毫无办法。然而，与其说是改革时机尚早，不如说康有为等人的方法过激，无谋无虑，使得持赞同之意者与之渐行渐远，暂持观望心态，担心被卷入改革派的漩涡而不能自拔。张之洞、袁世凯、谭钟麟（两广总督）、陈宝箴皆持谨慎态度，未对康有为等给予支援，改革派因此陷入孤立无助的状态。更何况老练的西太后等人，做事一向毫无漏洞，很可能事先就已经向地方官员发出过警告。

光绪帝身边热心保护他的人，首推翁同龢。翁同龢是皇帝的师傅，兼任内阁大臣，一时颇具势力。由于与光绪帝接触密切，他反对西太后的压制，极力保护皇帝，因此触怒太后，与徐桐、荣禄、刚毅等也产生嫌隙，于是受到都察院御史们的弹劾，最终被罢免官职、开缺回籍。从其主张看，翁同龢不能算作新政派，他曾是京官派的首领，阻碍文明的输入，但到了晚年大为感悟，因拥护光绪帝而赞成改革。改革派的主要代表人物是康有为，关于此人前面已有大略介绍，在他之下曾发挥重要作用的改革派人物，则非他的五六个弟子莫属。他们是：

翁同龢

林旭

刘光第

康广仁，广东省广州府南海县人。名有溥，字广仁，康有为之弟，精悍厉鸷，通大局而明事理，在某些方面甚至优于其兄长。

谭嗣同，湖南省浏阳县人，湖北巡抚谭继洵之子。夙慕康有为，赞成其变法自强说，戊戌改革时经学士徐致靖推荐入勤，奏对称旨，一跃成为四品卿衔军机章京。

杨深秀，山西省闻喜县人。博学强记，光绪八年受山西巡抚张之洞的知遇，于光绪十五年成为刑部主事，二十三年任山东道监察御史，与康广仁关系密切，是位热心的改革家。

杨锐，四川省绵竹县人。受张之洞拔识成为其门生，光绪十五年授内阁中书，后与康有为交际，成为保国会会员，热心提倡改革，光绪戊戌经陈宝箴推荐，任四品卿衔军机章京。

林旭，福建省侯官县人。康有为的弟子，闽学会领袖，沈葆桢的女婿，以才学闻名，光绪戊戌经少詹王锡蕃推荐，任四品卿衔军机章京。

刘光第，四川省富顺县人。弱冠进士，授刑部主事，后入康有为保国会，光绪戊戌经陈宝箴推荐，任四品卿衔军机章京。

当然，光绪戊戌改革的活跃人物不止这些，但他们都是书生评论家，并无实力。他们对改革深为担忧、大为苦闷，因此急于有力后援。经过充分讨论，他们将目光锁定在袁世凯身上，并与其展开了交涉。但这一决定，本身就是个失败。

6.废帝阴谋

所谓“羽翼未丰勿高飞”，这是成就事业者必须遵守的金玉良言。可是，改革派恰恰违背了这一良言，在羽翼尚未丰满之际就试图高飞，其失败结局不可避免。康有为得到光绪帝的知遇，一跃成为总理各国事务衙门章京，督办官报局，又因著书获赐黄金两千两，可以说是春风得意到了极点。他的弟弟、谨慎的康广仁早就认识到事情的

紫禁城军机章京值房

隐忧，于是向康有为提出忠告："西太后及满洲党相忌已甚，阿兄若屡见皇上，徒增其疑而速其变，不如勿往。"康有为也终于有所感悟，此后便很少上书，并尽量控制觐见次数。正如康广仁所看破的一样，西太后及满洲贵族对改革派表面上虽然毫不干涉，实际上却全面戒备，对皇帝的控制也更加严密。光绪帝对康有为等人的召见也变得愈发困难，有需要咨询之事，只能先将主旨概要传递给总理衙门，再将康有为陈奏内容以秘密书信的形式发出。直到谭嗣同、杨锐、林旭、刘光第4人同被任命为四品卿军机章京（时称"军机四卿"），情况才有所好转，光绪帝与康有为的关系也变得更加密切。

到了戊戌七月下旬，形势突然急转直下，西太后开始对光绪帝全面掣肘，皇帝不堪困扰，于同月二十九日秘密召见杨锐，赐衣带密诏。其中有云："朕位几不保。命康与四卿及同志速设法筹救。"由此不难看出光绪帝的苦衷。

前面已经说过，西太后对于戊戌政变早有预案，那就是荣禄所谓待到"罪恶贯盈"再加以严厉打击，她只是在不动声色地等待时机。老谋深算的西太后为了阻止改革，还采用暗中监视的办法，在改革派中安插密探搜集秘密，御史文悌就是其中的一个。文悌，满洲人，久居内城，深悉宫中秘密，表面上同情改革派，与志士保持亲密交往，甚至在他们面前漫骂西太后说："西太后于穆宗（同治帝）则为生母，于皇上则为先帝之遗妾耳！天子无以妾母为母者。"由此赢得改革派的信任，康有为几乎对他深信不疑，甚至让他代笔各类奏章。殊不知文悌却是一名奸细，后来还弹劾康有为和杨深秀等人。

戊戌改革也确实有些过激离谱，居然连六部九卿衙门都悉数裁撤，为此失去官职而无以养家糊口的人，仅北京中央政府就数以千计，因此必然怨声迭起。而且变更《大清会典》规定的祖宗大法，更让守旧派抓到了把柄，当时从礼部尚书许应骙到内阁大臣徐桐，均上书斥责改革派，煽动顽固派的情绪。于是，西太后和荣禄等人认为时机已到，便着手进行政变准备。

此时的守旧派究竟在准备什么阴谋呢？有一种说法是，他们打算在十月天津阅兵时废掉光绪帝。另有一种谣传称，改革派深知不除掉西太后就不能成就大事业，欲迫使光绪帝决断大义灭亲，结果秘密泄露，导致西太后方面先发制人。其实这个谣传是人们捏造出来的。实际情况是，西太后将自己的想法传达给当时的直隶总督荣禄，以十月天津阅兵为借口，诱使光绪帝前往天津，打算趁其不在北京实行废立。改革派得知此事，认为形势刻不容缓，必须采取应对措施，拉拢拥有兵权的人物作为后援，于是找到了袁世凯。这个废立的阴谋，当时在大人物中间已经成为公开的秘密，太傅翁同龢就向光绪帝谏阻天津之行。光绪帝也认识到事态的严重性，于八月对庆亲王说："朕誓死不往天津。"

于是，天津阅兵之事最终不了了之。

7.袁世凯叛变

西太后对光绪帝的压制日甚一日，甚至传言要对皇帝密谋废立，此时的改革派犹如风中残烛，随时都有熄灭的危险。以康有为为首的改革派毫无实力，最初以为是强大后援、可以依赖的地方督抚们，从陈宝箴开始全都打了退堂鼓，改革派除了手捧衣带诏抱头痛哭，想不出任何对策。就在此时，谭嗣同提出一个大胆的建议：当时正在北京的袁世凯通晓世界大势，又对变法颇为赞同，如果此时对其加以提拔重用，一旦情况有变或许可以保护皇帝和改革派人士。这个建议一经提出，马上遭到林旭的强烈反对，他认为袁世凯心术如何尚不了解，如若轻易对其泄露秘密，事情反倒可能更糟。然而，由于情况紧急，改革派别无选择，只能临时抱佛脚，没有时间仔细考虑事情的成败得失，康有为等最后全部

西方人绘制的袁世凯像

表示赞同。于是由谭嗣同上奏光绪帝，请求对袁世凯加以重用。

八月一日，光绪帝召见袁世凯，破格拔擢，赏授其为侍郎。八月三日，再次召见了他，赐优渥恩命。三日夜，谭嗣同造访袁世凯居住的法华寺，打算试探其心意，再决定是否托付其秘密。关于当时的会谈情况，梁启超所著《谭嗣同传》有所记载，暂且不论其真伪，先摘录如下：

谭曰："君谓皇上何如人也？"

袁曰："旷代之圣主也。"

谭曰："天津阅兵之阴谋，君知之乎？"

袁曰："然，固有所闻。"

谭嗣同乃轻率地直出密诏示之曰："今日可以救我圣主者，唯在足下。足下欲救则救之，苟不欲救，请至颐和园（指西太后）告我党之秘密而杀仆，可得富贵也。"

谭嗣同

袁正色厉声曰："君以袁某为何如人哉？圣主乃吾辈所共事之主，仆与足下同受非常之遇，救护之责，非独足下，若有所教，仆固愿闻也。"

谭曰："荣禄密谋，全在天津阅兵之举。足下及董、聂三军，皆受荣所节制，将挟兵力以行大事。虽然，董、聂不足道也，天下健者唯有足下。若变起，足下以一军抵彼二军，保护圣主，复大权，清君侧，肃宫廷，指挥若定，不世之业也。"

袁曰："若皇上丁阅兵时疾驰入仆营，传号令以诛奸贼，则仆必能从诸君子之后，竭死力以补救。"

谭曰："荣禄待足下素厚，足下何以待之？"袁笑而不答，袁幕府某辩荣禄与袁世凯关系疏远。

谭嗣同进而问曰："荣禄固操（曹操）莽（王莽）之才，绝世之雄，待之恐不易易。"

袁怒目视曰："若皇上在仆营，则诛荣禄如杀一狗耳。"

谭嗣同发现与袁世凯如此意气相投，便放心地将救助光绪帝的计划和制动荣禄派的方法等等，和盘托出，至凌晨三时方才离去。然而，表现出一副与谭嗣同肝胆相照的袁世凯，在谭离开后立刻向荣禄通风报信，将改革派的秘密悉数泄露。八月五日，光绪帝三度召见袁世凯，此时已经是荣禄派幽禁光绪帝计谋的成熟时期。第二天，八月六日一大早，西太后便下诏垂帘听政，同时下令逮捕改革派。就这样，戊戌改革全部化为泡影，惊天动地的变法自强也就龙头蛇尾、不了了之。

戊戌改革的失败，在很大程度上是预料之中的事，并不完全在于袁世凯的背叛。而改革派对他深恶痛绝，认为他导致改革的失败，实际上是大错特错。袁世凯是一代杰出人物，在主张方面也是赞成变法自强的，但基于中国国情，不可能赞同那种离谱的、无枪无炮的、书生之流的改革。他只是站在谭的立场上进行随声附和，对方却信以为真，将大事全盘托出，确实考虑不足、没有远见。

8.六烈士就义

一心想要借助袁世凯的兵力来抑制荣禄等人的改革派，计划最终全盘失败，袁世凯反倒为敌所用。

袁在退朝后对人说："皇上若责我以练兵，我不敢不奉诏，若他事则非我之所知也。"巧妙地将责任推了出去。

偶居天津的直隶总督荣禄，则向北京政府拍电报："英俄已在海参崴开战，现各国有兵船数十艘在塘沽，请即遣袁世凯回津防堵。"

事实上，这份电报是荣禄要的一个诡计，谎报英俄开战，北京方面闻此非常震惊，立即派袁世凯返回天津。翌日，西太后传谕垂帘听政，逮捕改革派。太后垂帘听政，名义上是以光绪帝罹患重病无法理政。四

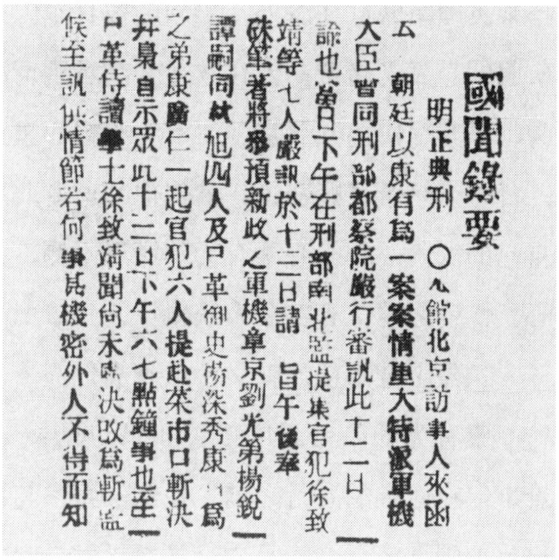
國聞錄要

明正典刑　○本館北京訪事人來函云　朝廷以康有為一案案情重大特派軍機大臣會同刑部都察院嚴行審訊此十二日諭也當日下午在刑部南北監提集官犯徐致靖等七人嚴訊於十三日請　旨午後奉硃筆著將參預新政之軍機章京劉光第楊銳譚嗣同林旭四人及已革御史楊深秀康有為之弟康廣仁一起官犯六人提赴菜市口斬決并梟首示眾此十三日下午六七點鐘事也至已革侍讀學士徐致靖關尚未識決改為斬監候至訊供情節若何事屬機密外人不得而知

戊戌六君子就义时的新闻报道

五天后，西太后又发布上谕，召天下名医为皇帝诊视病情。于是，以患病为托辞以谋废立之说，也就因此流传开来。

西太后垂帘听政，意味着变革时政的失败和守旧势力的复活。改革派的事业悉数废止，旧有制度全部恢复。如恢复八股科举制度，各省所立新学皆被废止，主张变法的报纸杂志也被查禁。也就是说，一切又都恢复到改革前的原状。西太后原本就是守旧执迷的人，虽然也曾听取李鸿章的建议，进行过一定的改革，引进了一些新文明的成果，但是从政治上来看却是彻头彻尾的守旧派。正如谚语矫角杀牛所言，[1]西太后采取的是极端保守政策，张之洞、陈宝箴等各省改革派，都因形势于己不利而屏息雌伏。此后直到光绪二十六年北清事变的3年时间，清国又重新回到以前的黑暗世界，与保守党全盛时期唯一不同的是，以皇族中的端郡王为首，荣禄、刚毅、徐桐、赵舒翘等执迷者得势，嚣张跋扈。

改革失败，逮捕志士的命令也随之发出。康有为恰巧虎口脱险，

1“矫角杀牛”，日本谚语，大意为：心欲爱之，实为害之——编者。

搭乘英国军舰逃往海外，梁启超被日本国有志之士所救。在此，最令人敬服的当属光绪帝。他在政变之前看到情况危急，于八月二日赐诏康有为，令其尽快离开北京。康有为因担心皇上安危，恋阙不肯离去。八月三日，光绪帝又赐密诏，催促他“速避北京，朕身忧不及”。皇帝不顾自己的安危，却担心康有为等遭遇不测，为君者对臣下能有如此保护之心、怜爱之情，着实令人钦佩！

六烈士全都从容就义，杀身成仁。

康有为的弟弟康广仁，如果与兄长一起离开北京，就可以免遭此难，但在遇难的九月之前，他却一直参与讨论策略及部署等事宜。杨深秀是位刚直之士，八月六日党案既发，志士们或被捕或藏匿，他却毅然上疏诘问废止皇帝的理由，援古义，陈国难，请求西太后立即撤帘归政。杨锐，因拥护皇帝及诸志士而被捕。林旭、刘光第也在事变当日被捕。谭嗣同在事变后本来可以脱逃，日本国友人频频劝他避难，梁启超也劝他东游，但他都没有听从。他说：

> 各国变法，无不从流血而成，今中国未闻有因变法而流血者，此国之所以不昌也。有之，请自嗣同始。

何其壮烈！六烈士于八月十三日同在菜市口被斩，行刑监视者是顽固派首领、军机大臣——刚毅。

就这样，脆弱的光绪戊戌改革仅持续短短4个月即告失败，可谓非常短命。但是，今日的改革正是当时播下的种子，因此六烈士绝不会白白死去，相信不久的将来，他们一定会作为殉难先驱而受到广泛纪念。

政变后的光绪帝

戊戌政变后的北京政界，犹如刚刚经历过暴风雨而显得相当沉寂。轰动天下的大改革——光绪维新也成了春宵一梦，改革派的六烈士殉难，康、梁远逃海外，赞成者因此畏缩不前。此时，境遇最为悲惨的就是光绪帝。光绪帝是个英明的君主，欲改祖宗旧法以谋清国发展自强，却因未得辅助之人，最终半途而废、失败收场，结果他虽没有罪却在太液池中瀛台过着几近幽禁的生活。据说当时居于北京的靺鞨生，了解到有关光绪帝幽禁时的一些状况，但其记述可信度不高。试抄录其中一节如下：

南海瀛台旧影

二十年间，根据皇上近侍的一个宦官的谈话得知，皇上在康有为事变发生之时，便立即被幽禁在西苑太液池，俗称北海的莲池西边的瀛台中。瀛台三面临水，西面以桥连通陆地，皇上自被幽禁瀛台之后，门口即被安置守卫，桥上的铺板也被撤去，出入必须有西太后的命令，一切内外通信都被严格禁止。虽然作为贴身近侍的少数宦官得到了西太后的允许随侍瀛台之中，但作为妇人的一切服侍全部被禁止。特别是御膳方面，虽然与从前没有什么变化，但每日的膳食均须从外面运来，然后交给瀛台所在的宦官放在餐桌上而已，根本谈不上合不合皇上的口味。皇上一个人形单影只地面对餐桌，对不合口味的菜品筷子都不动，有时甚至对所有菜品都不动筷，仅仅站在餐桌旁，皇帝的痛苦真是不言而喻啊！

光绪帝即使是如此不自由的幽禁之身，对西太后每天的朝谒也依然不可怠慢。西太后只有在每天朝谒之时，才允许将桥板架起，让皇上进入旁边的仪銮殿。皇上跪在西太后面前给她请安时，西太后也极其冷淡，皇上如果谈及政事，西太后就立即回答说："你正在生病，应该好好养病！"皇上如果想了解其他事情，就会被无情地斥责"放肆"。朝廷对外界都宣称皇上罹患重病，实际是不可信的虚假之词。虽说皇上生来就体弱多病，加之政变之时也确实患过遗精病，不过不久之后就痊愈了。自去年（光绪二十六年）以来，皇帝龙体正在逐渐恢复健康。（中略）

皇上由于与皇后夫妇情爱冷淡，因此宠爱妃嫔中的珍妃和瑾妃二人。其中，珍妃与瑾妃相比，气韵更佳，伶俐过人，皇上对她也格外中意，因此在皇上被幽禁的同时，珍妃也被幽禁在了紫禁城的一个暗室里。暗室的门口有宦官监守，饭菜一天只有一回，用大饭碗盛好后递进去。珍妃在暗室里整日以泪洗面，加之忍辱偷生，她常常想一死赴黄泉，但转念又想，如果现在死了岂不可惜，希望能

光绪帝在瀛台的寝宫涵元殿

够在今生今世至少再见到皇上一眼，于是在此信念的支撑下，珍妃以每天一碗饭的毅力一直维系至今（北清事变）。然而，西太后不知出于什么想法，在八月十五日早上，在宫城被攻克之前，命侍臣将珍妃从暗室中带出，用长长的袋子状的棉布将她的头部裹住，把她投进了井里。真是悲惨啊！

这种表述小说气较浓，应该不是事实。即便宫中真的如同伏魔殿般无情，也不至于严重到如此程度吧！然而，光绪帝身为改革派的元首，康有为、梁启超等说不定什么时候将他从宫中救出，然后发动大事。为了预防并切断光绪帝与外界的联系，将他幽禁在瀛台也是必要的。至于珍妃，则处于改革派与皇帝之间，曾秘密执书，使改革派得以接近皇帝，在二者间起到媒介作用，所以也被西太后及保守派所憎恶。可能正因如此，西太后才借事变之机，对她施以非常手段。

总而言之，政变后的光绪帝境遇确实很惨！

顽固派之跋扈

戊戌政变后，改革派被一网打尽，顽固派势力进入了全盛时期，他们想尽一切办法独揽政权。进步派庆亲王、李鸿章、张之洞、袁世凯等人的意见，根本不被采纳；庄亲王、礼亲王、端郡王、刚毅、荣禄、裕禄、徐桐等顽固党，则占据着军机处和总理衙门等要职。西太后其实并非纯粹的守旧之人，只是对光绪帝无视自己而进行离谱的改革深为不满，才开始三度摄政。她的本意应该不是破坏刚刚萌芽的文明事业，

直隶总督裕禄

只是试图利用顽固党人清除改革派，但却逐渐对他们失去控制，最终反被顽固派所利用。这样的事情对于男性政治家有时也在所难免，更何况相对柔弱的女性！也正因为如此，西太后没能阻止北清事变的发生，在其听政生涯中增加了一大污点，真是非常可惜。

顽固党中最有势力者当属端郡王和刚毅二人。刚毅出身于汕头道台，后相继任职于广西、直隶、云南、山西、广东诸省，日清战争时因捐献巨额资金和大量兵器、弹药资助军需，得到西太后赏识，被提拔为军机大臣。刚毅是个顽固不化的人物，对世界大势全然不知，而且是北清事变中包庇“拳匪”、制造伪谕的主要人物之一。不过，顽固派的总头目还是端郡王，下面就让我们了解一下其人其事。

端郡王载漪

端郡王是顽固派的首领，北清事变中的关键人物。他是道光帝第五皇子惇亲王之子，据说他的生日与刘宋“元凶”刘劭为同一天，所以文宗皇帝对他甚为厌恶，故意赐名带“犬”字旁的载漪。同治帝驾崩

端郡王载漪

后没有继嗣的皇子，从皇族系统顺序上来讲，理应是咸丰帝的第一个弟弟惇亲王的子孙继承皇位，但西太后改变了这个顺序，选择咸丰帝的另一个弟弟醇亲王的儿子立为皇帝，也就是今天的光绪帝。因为醇亲王福晋是西太后的妹妹，因此才特意偏颇。老奸巨猾的端郡王对此深为不满，总想找寻机篡夺帝位，并为此大力收揽人心，等待时机的到来。

端郡王体貌魁伟，是个野心很重的人。他知道要想掌握政权，捷径就是得到西太后的宠信，因此想尽办法迎合她的心意，加之惇亲王曾对西太后施有阴德，他也就自然与太后比较亲近。但在政治方面，由于庆亲王等前辈尚在，他还没有表现的机会。然而，戊戌政变为他提供了一个绝好的时机，于是他便与其兄载濂、弟辅国公载澜一起，打探改革派的秘密并告发给西太后。太后认为他立下大功，命其掌管虎神营。事实上，这是西太后的一个很大的失策。端郡王自从得到兵权以后，凭借家中拥有巨万财富，毫不吝惜地赏赐给军队，以此收买人心，又使用黄金策略笼络中央和地方官吏。不知西太后是真的不了解其野心，还是有意对他宠溺放纵，不仅对他重用有加，而且因光绪帝没有儿子，还将端王之子溥儁立为大阿哥（即皇太子）。自此端郡王的势力日增，终于取代宗室元勋的庆亲王，坐上了军机大臣兼总理衙门主管大臣的宝座，成为权势显赫的大人物。

端王之子成为太子

根据光绪二十五年十二月清廷发出的上谕，端郡王（光绪帝从兄）之子溥儁被立为皇太子。这是西太后与端郡王结盟的结果，从满族家法来看是违法的。光绪帝是道光帝第七子醇亲王之子，当时跳过惇亲王、恭亲王及其子孙，让他作为同治帝的继嗣就已经是不合法统；现在又将端郡王之子作为穆宗即同治帝的继承人，更是双重违法。这的确是西太后专权的弊害所在。

正如前文所说，因为清国没有皇室典范，所以皇位继承没有什么长幼、嫡庶的规定，只是按照惯例，由皇帝选择皇子中的贤良者立为皇太子，而且也不像日本和欧洲君主国家那样，皇帝在世时会举办立太子仪式昭示中外，而仅仅是将太子的名字写在纸上，再藏到一个适当的地方，皇帝临终时在诸王大臣的见证下，再将秘藏的诏书打开，以此决定皇位继承人。此前谁被立为皇太子，谁来继承皇位，只有这时才会清楚。同治帝去世时没有子嗣，按照正常的皇位继承顺序，当由咸丰帝的第一个弟弟惇亲王及其子孙继位。然而，西太后独断专行改变了这个顺序，立醇亲王之子、也就是现在的光绪帝为皇帝。从皇帝系统上看，光绪帝应该是咸丰帝的继承人，而不是同治帝的继嗣者。如果光绪帝生有皇子，可以作为同治帝的养子，等到光绪帝百年后，再继承同治帝的大统。但不幸的是，光绪皇后并未生子，并在光绪二十年病逝，于是立太子问题又出现风波。

由于端郡王势力很大，西太后的意见又起决定性作用，于是端郡王

大阿哥溥儁

之子便被立为太子。当时的上谕中，有“为穆宗毅皇帝（同治帝）立嗣，以为将来大统之归”等语，也就是说将端郡王之子过继给同治帝为嗣。但这是违法的，从皇帝系统上说，端郡土之子与光绪帝一样，应该是咸丰帝的继承人。[1]这种违法立太子的做法遭到非议，所以端郡王之子溥儁没有被称为皇太子，而是称为大阿哥，当时年龄只有7岁。[2]阿哥是清国皇族之子的通称，他们降生后并不是立即封王，而是称作阿哥，成年后才会被赐予亲王、郡王等封号。这个大阿哥溥儁，被立为太子不到3年，在北清事变之后的光绪二十七年十二月被废。

1 端郡王之子溥儁过继给同治帝为嗣，在辈分上是合理的——编者。

2 溥儁被立为大阿哥时的年龄是15岁——编者。

皇族的区别

清国皇族内部大有区别，对此很多人并不了解，有必要在此略作介绍。

清国的皇族非常庞大，其中还有很多比较贫困，无法维持皇族体面的人。从大的方面来划分，它包括宗室和觉罗两大部分。宗室是指显祖宣皇帝的直系子孙，觉罗是指其旁系子孙。觉罗基本可以说是有名无实的皇族，宗室皇族又分为有爵宗室和无爵宗室（闲散宗室）。有爵宗室分为14个等级，即：和硕亲王、世子、多罗郡王、长子、多罗贝勒、固山贝子、奉恩镇国公、奉恩辅国公、不入八分镇国公、不入八分辅国公、一二三等镇国将军、一二三等辅国将军、一二三等奉国将军、奉恩将军。[1]有爵宗室中又分为世袭罔替宗室和递次降爵宗室两种。前者是世袭的永久皇族，后者是逐代降爵皇族。世袭罔替皇族是对国家有过汗马功劳或是与皇帝有着特殊关系的皇族的子孙，最初只有8家，称为八大王或铁帽子王。现在则共有11家，他们是：

礼亲王：太祖第二子和硕礼烈亲王代善后代。

睿亲王：太祖十四子睿忠亲王多尔衮后代。

豫亲王：太祖十五子和硕豫通亲王多铎后代。

肃亲王：太宗长子和硕肃武亲王豪格后代。

---

1 清朝贵族封爵分为十二等，即和硕亲王、多罗郡王、多罗贝勒、固山贝子、奉恩镇国公、奉恩辅国公、不入八分镇国公、不入八分辅国公、镇国将军、辅国将军、奉国将军、奉恩将军——编者。

郑亲王：显祖之后和硕郑献亲王济尔哈朗后代。

庄亲王：太宗第五子和硕承泽裕亲王硕塞后代。

顺承郡王：太祖曾孙顺承恭惠郡王勒克德浑后代。

克勤郡王：太祖之孙克勤郡王岳托后代。

怡亲王：圣祖十三子和硕怡贤亲王允祥后代。

醇亲王：道光帝第七子、光绪帝生父。

恭亲王：道光帝第六子、醇亲王皇兄。

递次降爵宗室是指每代降爵，如亲王的世子降为郡王、郡王世子降为贝勒、贝勒的嫡子降为贝子、贝子的嫡子降为镇国公等。但是，降爵也有一定程度限制，如亲王代代降爵，降至镇国公为止。端郡王载漪就是惇亲王的嫡子，经过降爵以后成为多罗郡王的。

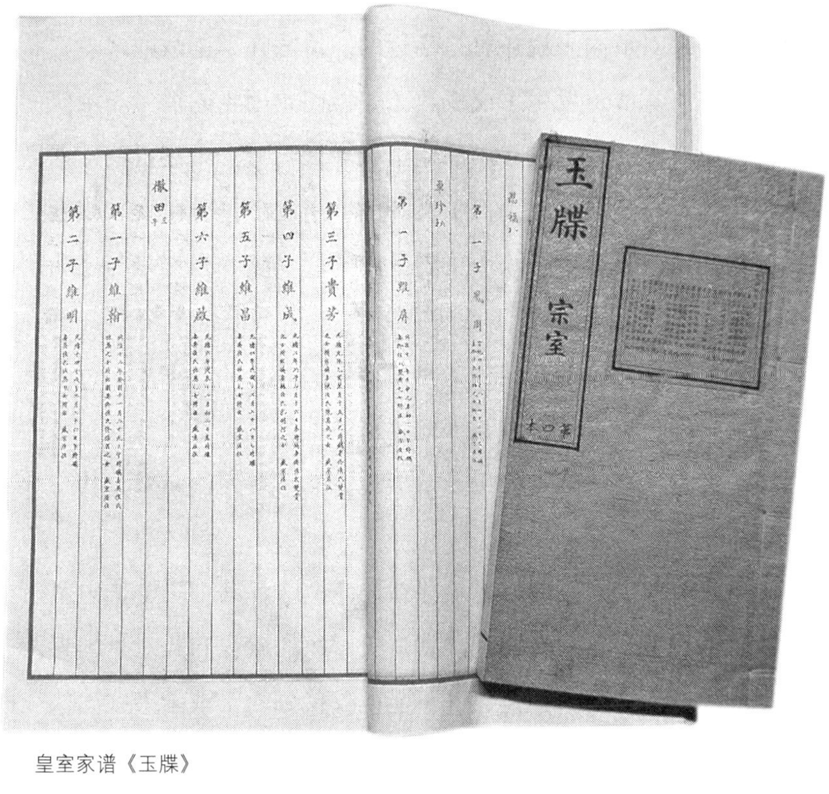

皇室家谱《玉牒》

北清事变

1.事变的原因

发生在光绪二十六年（1900年）的北清事变，也称义和团事件和“拳匪”骚动，它直接导致北京被八国联军攻陷、两宫逃往西安并与11个国家进行外交谈判，是一场空前的大动乱。清国因此背上了四亿五千万两赔偿款的债务，虽然迫不得已惩罚了元凶，还受到了种种屈辱，但结果对清国来说还算是幸运的。清国在甲午战败之后，从漫漫长夜中有所觉醒，发生了戊戌改革，但因顽固党的嚣张和阻挠而失败。从光绪二十五年开始，顽固党进入全盛时代，就连贤明的西太后也在不知不觉中随波逐流，保护义和团，引起了排外事变。事变后受各国强制，清国不得不将从中央到地方的顽固党（当然是与义和团有关的人），以元凶的名义悉数进行处罚，庆亲王、李鸿章、袁世凯等开明派势力变强，从而转祸为福，产生了今天的时运。被世人批评为老朽的、即将衰亡的清国，因此重新焕发生机，开始收获变革的果实，或者说是戊戌改革的作用开始显现。北清事变的结果，使得顽固党被扫荡一空。

至于北清事变的原因，目前存在很多说法。其中主要认为是由于排外思想的爆发，这从义和团“扶清灭洋”的旗帜和敌对外国人两方面，就能够有所了解。但是，并不能说仅仅是由于清国人顽固执迷而招致麻烦，同时也不得不说，这是外国人自找的祸端。可以说盲目排

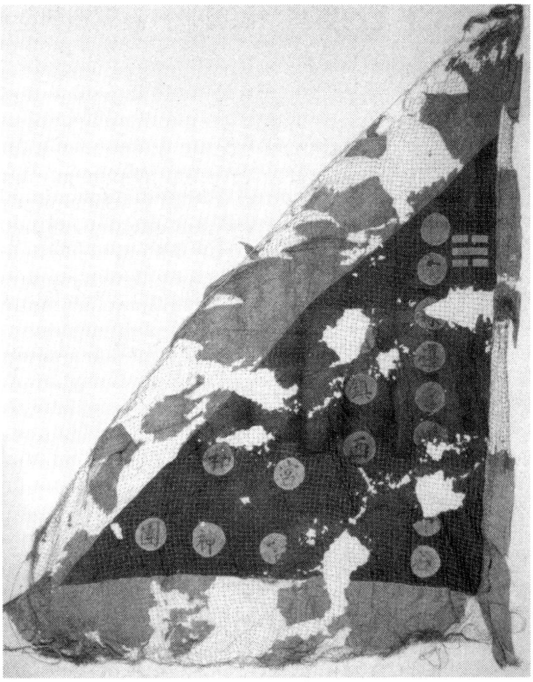

义和团旗帜

外是未开化国家民众所共有的心理，但外国人却把他们的无知当作难得的机会，对其进行压制和侮辱，因此招致厌恶，才使得他们形成排外思想。甲午战争以后，德国强占胶州湾、俄国强占辽东半岛、英国强占威海卫，可谓一派狼藉。清国因战败而陷入低迷，起初因无力抵抗而只能忍气吞声，但其国内有志之士却非常愤慨，以张之洞、康有为等人为代表，屡屡进呈慷慨悲壮的意见书。外国人不断以强凌弱，清国人即便再无气魄，也不可能一直忍让与沉默！到了光绪二十六年，事变终于爆发了。当时就有有识之士认为，北清事变是各国自找的祸端，事实也确实如此。

北清事变的原因非常复杂，不仅仅在于排外，其中还包括皇位篡夺阴谋，其阴谋者就是端郡王。他看到义和团势力猖獗，就企图引为己用，进而心存侥幸地夺取皇位。从端郡王及其党羽对义和团的极力保护，就可以看到这一点。

北清事变的第三个原因是打破满洲朝廷说，在此引用德国传教士安治泰的说法：

> 义和团本就几多贱陋人民混入，所谓学识大夫、其他高官之人，也在义和团中有其代表者。义和团的首领叫chan的学士常说，今天的王室是满人后裔而非中华之人，应该将他们驱逐出去。由此可见，义和团蜂起的目的是在于觊觎王统。（下略）

而且，义和团原本就是白莲教的一个分支，与大刀会也有联系，也有可能是以颠覆满洲为目的的秘密结社。但是，对其加以保护并助长其发展的则是端郡王、庄亲王、荣禄等满洲出身的诸王大臣，刚毅、董福祥、李秉衡等顽固党也同为朝廷手足。这样，说其目的在于颠覆满洲朝廷，那就的确很值得怀疑了。若要讲清北清事变的来龙去脉，需要很大篇幅，在此只能对与西太后直接相关的部分进行简略交代。

2.义和团的由来

义和团“骚乱”仅仅一年时间就平定了，虽然不能与“长发贼”之乱相提并论，但“骚乱”范围也非常之广，它以直隶省为中心，南经山东、河南、浙江，影响江西、湖南、广东，西达山西、四川、甘肃、蒙古以及西藏，北至吉林、黑龙江。牵涉皇族、大臣、地方官、都统等数十人，最终联军攻陷北京，两宫逃至西安，可谓清国近代史上的大事变。

关于义和团的由来，早在嘉庆二十年十一月（1815年），那文毅公彦成的上奏就有详细记述。此外，“拳匪骚乱”之际，直隶保定府清苑县知县劳乃宣所著《“拳匪”源流考》中也作了详细记录。义和团是清国流行的“邪教”之一，宣称只要平时习拳讲道就能够神灵附体，遭遇

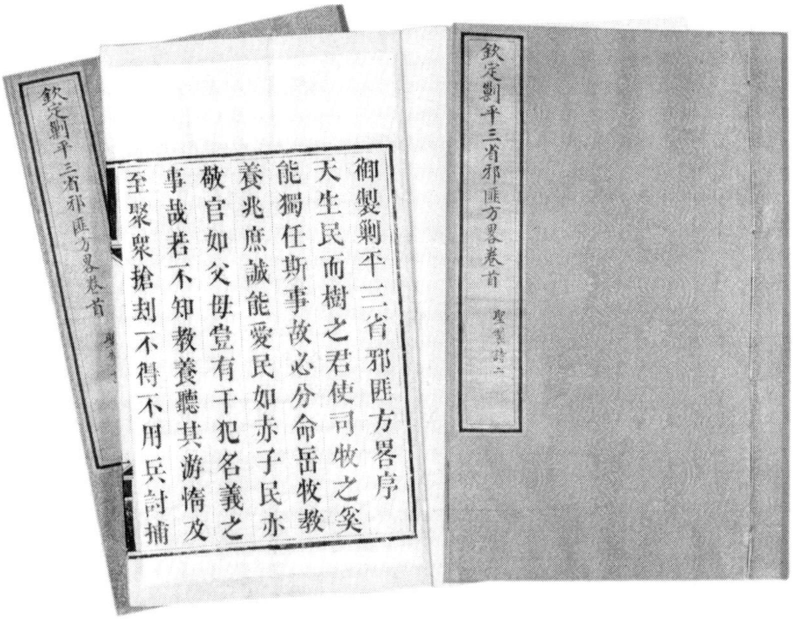

嘉庆《钦定剿平三省“邪教”方略》，辑录当时剿平白莲教的相关文件

事变时也能避炮弹、防枪剑，其实是愚蠢的迷信。起初，它并没有排外倾向，后来随着基督教在内地逐渐传播，民众和教徒之间变得不能和睦相处，他们为了赢得人心就标榜排斥外教，以此得到愚民的信赖。

从那彦成的上疏中可以看出，义和团这种“邪教”起源于乾隆时代，山东省菏泽县有一个名叫王中的人，开震卦教，称其信徒为东方震宫王老爷门下；山东省宁阳具人孔万林开坎卦教，称其信徒是北方元上坎宫孔老爷门下；河南省商丘县人部生文自称大乘教金丹八卦义和门、如意门等的鼻祖，其信徒是南方离宫头殿贞人部老爷门下。这些都是后来义和团的前身，他们得到愚民的信任后，信徒激增至数千人，在山东、河南之间形成很大势力。乾隆帝因厌恶其迷徒聚众，在乾隆三十六、七年（1771、1772年）对其进行过清剿。至嘉庆年间，义和团重新蜂起，嘉庆十三年（1808年）七月戊寅，清廷又颁布了严惩“团匪”的上谕，其中一节如下：

> 仁宗睿皇帝谕军机大臣等，给事中周廷森奏，请严惩聚众一折。据称近日之江南颍州府、亳州、徐州府，河南之归德府，山东之曹州府、沂州府、兖州府一带地方，多有无赖棍徒，拽刀聚众，设立顺刀会、虎尾鞭义和团、八卦教名目，横行乡曲，欺压善良。其滋事之由，先由赌博而起。（下略）

由此可见，义和团最初是个无赖汉的集合体，根本不是什么政治结社，也没有仇视外教的目的，只是后来才如前所述，变成了带有排外思想的仇视外教的组织。

到了光绪年间，山东省的“团匪”有所抬头，逐渐变得嚣张跋扈。光绪二十三年（1897年）末，两名德国传教士（能方济和韩理迦略）在山东省兖州府被“团匪”杀害，这成了胶州湾租借的起因。当时的山东巡抚李秉衡是个顽固派，不仅不对“团匪”加以镇压，反倒对其煽动利用。李秉衡后调任四川以后，接替者毓贤也对“团匪”采取保护态度，因此其势力愈加猖獗。

总而言之，义和团若从其教义看，当属佛教的一个演变派别白莲教的支流；从避拳法和刀枪等说法来看，又与大刀会相同，不过是一种邪教组织。北清事变时的首领有乾字张德成、坎字刘十九、坤字王老师、震字曹老师、巽字干老师、离字庞老师及僧海乾等。此外，还有黄连圣母，其下有三仙姑、九仙姑等。他们还有一团名为红灯照，全是十几岁的幼女，身着红衫袴，挽双丫髻，左手持红灯，右手持红巾或朱色扇，在安静的房间内修炼踏空术，据说数日即可修成，手持扇子对自己一扇，身体就会轻盈地升上天空，化为明星，实际上真是滑稽至极。类似的邪教迷信，至今在清国某些地方仍然存在。

天津的义和团

3.西太后与义和团

清政府对待义和团的态度，或者说西太后对待义和团的态度，前后截然不同。起初将其定性为邪教和无赖匪徒，下令严厉清剿，后来又将其视为义民加以保护。实际上这不是西太后没有主见，而是受到端郡王和刚毅等人强制的结果，因此不能对她过分责难。但是，西太后利用端郡王等人抑制改革党，并一改惯例将端郡王之子溥儁立为皇太子，助长其势力，如今反被端郡王所利用，由此导致了这样的事变，所以西太后也是难辞其咎。

由于光绪二十三年末两名德国传教士在山东省兖州府被杀，使得德国态度强硬，清政府在与其谈判后，迫于压力将毓贤撤职，命袁世凯接任。袁世凯任职后，对义和团采取严厉镇压态度，结果不仅在山东省内如故，而且跨过黄河，直至直隶境内都十分猖獗。以致光绪二十五年十二月一日，清政府不得不发布上谕，称虽然可以严惩“会匪”，但不能玉石不分，滥杀良民。上谕说：

> 近来各省盗风日炽，教案迭出，言者多指为“会匪”，请严拿惩办。因念会亦有别，彼不逞之徒，结党联盟恃众滋事，固属法所难宥。若安分良民，或习技艺以自卫身家，或联村众以互保闾里，是乃守望相助之义。地方官遇案，不加分别，误听谣言，概目为“会匪”，株连滥杀，以致良莠不齐，民心惶惑，是直添薪止沸，为渊驱鱼，非民气之不靖，实办理之不善也。（下略）

这道上谕讲得似乎很有道理。第二年，即光绪二十六年正月二十二日，清政府又发布一道关于镇压义和拳的谕旨。因为当时的德国公使克林德在接到传教士的报告后，认识到义和团不可轻视，于是与列国公使协商，请求清政府平定红拳（由于义和团束红带戴红巾，因此得名红拳）及大刀会。谕旨称：

> 谕军机大臣等，总理各国事务衙门奏请饬严禁拳会一折。上年据山东巡抚电称各属义和拳会，以仇教为名到处滋扰，并及直隶南境一带。叠经谕令直隶、山东督抚，派兵弹压。此种私立会名，聚众生事，若不严行禁止，恐愚民被其煽惑，蔓延日广，迨酿成巨案，不得不用兵剿办。（下略）

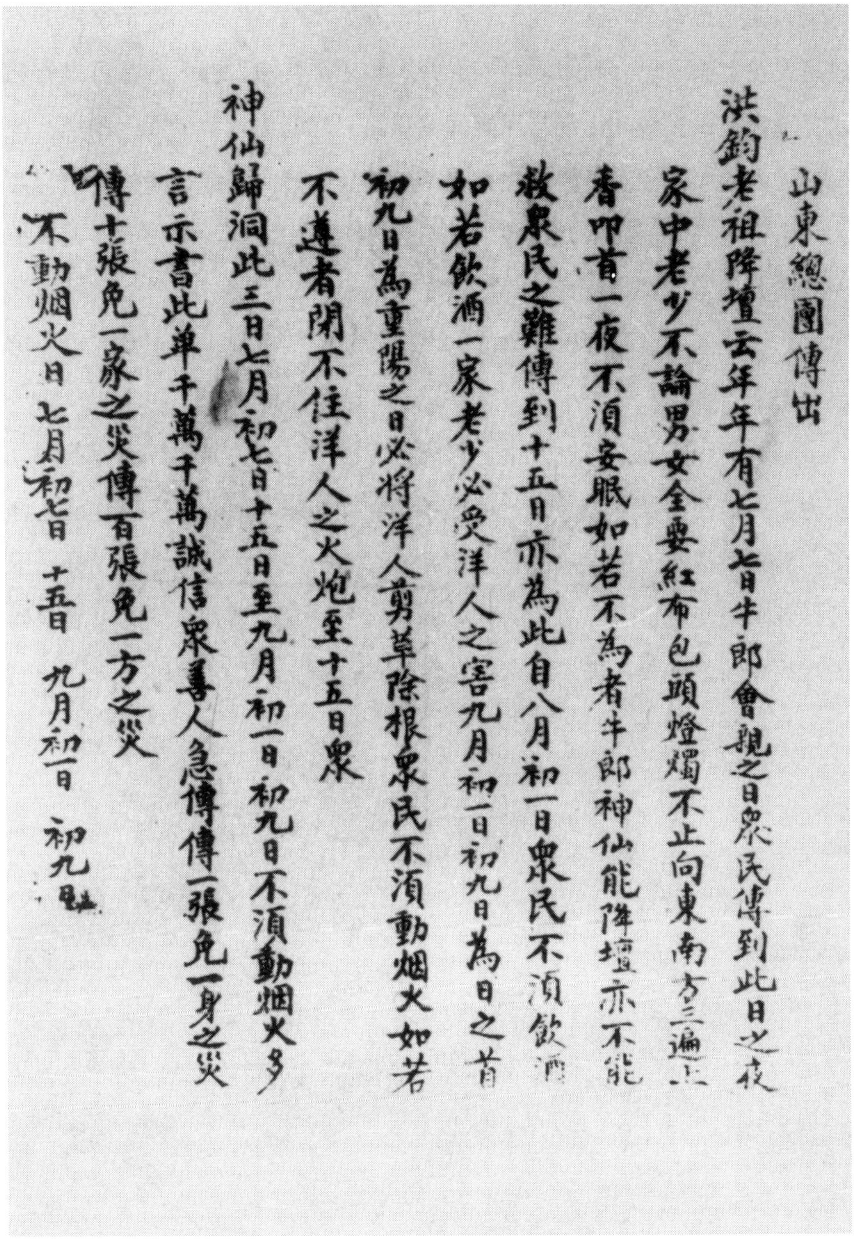
山東總團傳出
洪鈞老祖降壇云年年有七月七日牛郎會親之日衆民傳到此日之夜
家中老少不論男女全要紅布包頭燈燭不止向東南方三遍上
香叩首一夜不須安眠如若不為者牛郎神仙能降壇亦不能
救衆民之難傳到十五日亦為此自八月初一日衆民不須飲酒
如若飲酒一家老少必受洋人之害九月初一日初九日為日之首
初九日為重陽之日必將洋人剪草除根衆民不須動烟火如若
不遵者閉不住洋人之火炮至十五日衆
神仙歸洞此三日七月初七日十五日至九月初一日初九日不須動烟火多
言示書此單千萬千萬誠信衆善人急傳傳一張免一身之災
傳十張免一家之災傳百張免一方之災
不動烟火日 七月初七日 十五日 九月初一日 初九日

山东义和团的反洋教传单

因循姑息的清政府看到形势不利，开始严惩“团匪”，但所做的不过是发发上谕而已。到了同年四五月，“团匪”愈发嚣张，在直隶省涞水县杀害教民、破坏正定与保定间的铁路、切断电线、烧毁停车场、凌辱外国人等事件频发，就连优柔寡断的清廷也感到震惊，荣禄、裕禄等大官亲自出马守卫北京，与各地一起展开了对“团匪”的讨伐。为了护卫各国公使馆，清廷派出100名士兵出面守卫，但当时的形势已经愈演愈烈，终于演变成了难以收拾的重大事件，仅仅派出百名士兵保护使馆已经无济于事了。

随着义和团逐渐逼近北京，外国人的处境也变得颇为危险。各国公使为了保护使馆及本国人民，请求各自驻兵北京，但一直未得到清廷许可。后来，清廷为了表示歉意，才派出百名护卫兵，但已于事无补。于是，各国公使决定不等清廷的许可，直接下令从停泊在大沽的军舰上调动水兵登陆，乘火车进入北京。之后不久，一支义和团包围了北京，他

遭到义和团重创的北京使馆街

们南下破坏铁路并包围天津，京津之间的联络全然断绝。大沽的各国军舰受到大沽炮台的炮击，于是各国断然决定采取攻击的态度，联合各国组成一军，攻陷大沽，占领天津。北京公使团也接到急报，称北京公使馆及外国人的命运危在旦夕，事态变得非常严重。

北京政府为何没有在事态发展到如此严重之前，就展开对义和团的讨伐呢？那是因为以端郡王为首的顽固党与义和团结盟，对其加以保护，义和团首领与端郡王往来非常频繁。随着义和团逐渐逼近北京，端郡王的势力也骤然增长，就连西太后都受其压迫，不得不按其请求任命他为总理衙门首席大臣。这份上谕如下：

> 光绪二十六年五月十四日奏，谕内阁。端郡王载漪，著管理总理各国事务衙门，礼部尚书启秀、工部右侍郎溥兴、内阁学士兼礼部侍郎衔那桐，均著在总理各国事务衙门大臣上行走。现在时事艰难，该王大臣等，务当实心任事，以副委任，不准固辞。钦此。

并罢黜庆亲王等开明派人士，最终导致端郡王等顽固派把持外交、掌控时局。

4.义和团的政府

至于西太后为何罢黜庆亲王等人，反倒推举对外交和政事都毫无经验的端郡王，让他担任总理衙门首席大臣兼军机大臣，这实在很难解释，总而言之是西太后的一大失策。端郡王得势之后，对待义和团的态度，较之此前的清国政府简直来了个大变脸。此前清廷命令对“会匪”、“贼团”严加清剿，现如今则将他们作为义民加以保护，又称他们协助官兵击败外国军兵可以得到大量赏银。庄亲王、刚毅等人，甚至在上谕中变成了义和团的统帅者！这些上谕都滑稽之极，选其一二列举如下：

> 光绪二十六年五月二十五日，上谕。现在中外已开战衅，直隶天津地方义和团会，会同官军助战获胜，业经降旨嘉奖，此等义民，所在皆有，各督如能招集成团，藉御外侮，必能得力，如何办法，迅速复奏，沿海沿江各省尤宜急办，将此由六百里，加紧通谕知之。钦此。

> 光绪二十六年五月二十六日上谕。义和团民，纷集京师及天津一带，未便无所统属，著派庄亲王载勋，协办大学士刚毅统率，并派左翼总兵英年，右翼总兵载澜，会同办理，即卜参领文瑞著派为翼长，诸团众努力王家，同仇敌忾，期众志成城始终勿懈。是为至要。钦此。

> 上谕。户部札放粳米二万石交刚毅等，分给义民团民食。钦此。

> 光绪二十六年五月二十九日奉慈禧端佑康颐昭豫庄诚寿恭钦献崇熙皇太后懿旨。神机营，虎神营，义民团民，著各赏银十万两。甘军武卫军前会赏银四万两。著再各赏银六万两。该军士等当同心戮力共建殊勋，以应懋赏。钦此。

这些上谕把昨天的“贼匪”变成了官军，把昨天的乱民变成了义民，真是冠履颠倒！但这绝非西太后的旨意，实际上是端郡王、庄亲王等人伪造出来，以光绪帝或西太后的名义，不断向义和团发出的对他们有利的假谕旨。对于这些假谕旨，虽然刘坤一、张之洞、李鸿章、袁世

手持"钦令义和团粮台"旗帜的兵士

凯等人臣都能够分辨，不按照其命令去执行，但很多不明大局的地方官却无法判断其真伪，误以为政府的方针在于排外，因而努力助力"团匪"、实行排外政策。

不巧的是，义和团蜂起之时，正赶上政府官员的配置情况欠佳。李鸿章作为两广总督身处广东，张之洞、刘坤一远在湖广和两江任职，直隶总督当时是顽固派的裕禄。北方虽有袁世凯任山东巡抚，但他担心山东乱了阵脚，所以迟迟不敢起兵。中央方面庆亲王孤立无援，虽说荣禄表面上为中立者，但暗地里也是义和团的支持者。可以说，当时完全是

因力主镇压义和团而遭杀害的兵部尚书徐用仪像

顽固党的天下。当然，中央政府也有强烈主张剿杀“团匪”的，兵部尚书徐用仪、户部尚书立山、吏部左侍郎许景澄、内阁学士联元、太常寺卿袁昶等人就是当时的著名人物。其中以许景澄最为热心，他曾前后三次上疏，痛斥邪术误国殃民，奏请严惩祸首、遏止祸源以拯救危局。但是，在顽固党全盛的北京政府，他的奏请不仅未被采用，还和其他持剿匪论者一起惨遭陷害，最终被处以死刑。地方大官中，刘、张等元老人物也屡屡冒死上书，刘坤一在一份电奏中就说：

> 刚（毅）赵（舒翘）抚“匪”，取结袒“匪”抑洋，洋兵麇集都下，危在旦夕，祖宗创业艰难，无端毁坏，当国者不得辞其咎，宜翻然改计，翼可转危为安，请代奏。坤一。

电奏虽然简短，却切中要害。可惜这个奏折没有被送到西太后的手里。不过，就算西太后能够看到，以她当时的境遇也是无可奈何。

5.北京沦陷与两宫西巡

随着义和团日益猖獗，北京的形势也变得愈加危险。光绪二十六年五月三十一日，有少数外国水兵作为护卫进入北京，但由于京津之间的联络完全中断，京城内外的外国人相互救助也变得无法实现。就在这些水兵入京时，日本国驻北京公使馆办事员杉山彬出城迎接，刚出永定门就被乱兵杀害。其后，德国公使克林德在赶赴总理衙门议事途中，行至东单牌楼北时被暴民杀害。北京城已经完全落入义和团手中。

由各国水兵组成的联军，在英国中将西摩尔的统率下，向北京进军，途中遭遇“匪军”包围，陷入困境。后经日本政府与各国商议交

日本人绘《日军骑兵与义和团交战图》

涉，决定由在地理上最为便利的日本国派兵，在山口中将的统率下，编成混成师团火速赶往北京，与各国军队合力平定乱局。山口师团抵达天津后，各国联军也因此开始北进，几经苦战后，于八月十五日对京城发起进攻，当日傍晚即占领北京。当时山口师团已经陷入重围，在几乎弹尽粮绝的情况下，舍生忘死才救出各国公使及侨民。攻克坚固的北京城池，以柴少佐为首的日本兵之勇猛起到了关键作用。在整个联军的行动中，日本山口师团奏出了胜利的乐章，对此以前多有介绍，各国联军都非常熟悉，这里不再赘述。

在此次事变中，西太后因受端郡王等人蒙蔽，已经无法指挥全局，只能听之任之。然而让她没有想到的是，各国联军竟能如此之快地攻入北京城。由1.5万人组成的联军（其中日军6000人、俄军3300人、英美军各1800人、法军400人、德军200人，其余为奥地利军和意大利军），在俄国将军利涅维奇的统率下，一路所向披靡，于八月十二日即抵达距北京几公里的地方。十四日，联军开始炮击；十五日，占领北京。北京宫廷因出乎意外而陷入极度狼狈之中，两宫在走投无路之下蒙尘太原府，如若再迟一两日，没准就成了联军的俘虏。

此前的八月六日，直隶总督裕禄因兵败在蔡村自杀，统帅李秉衡也于八月八日因兵败服毒自尽，联军一路如破竹般进至通州。两宫在八月十日就已开始内议西巡，但因车辆不齐而踌躇未定。十三日晚，城外炮声隆隆不绝。十四日早上，喜鹊胡同一带子弹如雨点般密集。当天下午，据说朝廷所在地前面的天安门及西长安门已被攻破，大官们见事态危急全都落荒而逃，没人将城外的消息汇报给两宫。这天，王文韶五次拜谒御前，听从诏令，而侍奉两宫左右的只有刚毅和赵舒翘二人。西太后满脸愁容地对王文韶说："只剩尔等三人在此，其余皆各自回家去，舍我母子二人不顾，尔等三人务须随驾同行，思汝年纪最老，尚要尝此辛苦，我心不安，汝可随后赶来。刚、赵二人素能骑马，必须随

日本人绘《联军进攻北京皇城图》

驾同行。”王文韶复奏道：“臣必赶来。”皇上也说：“汝务必速速赶来。”如此这般，直到夜半仍未确定何时起驾。于是，王文韶离开后守了一夜，结果次日拂晓两宫就已仓猝出逃。

6.两宫西狩情形

两宫播迁太原为何如此突然？这是大有原因的。

西太后于光绪二十四年，从颐和园迁回宫城之后，就将西苑仪銮殿作为临朝听政之所。北清事变发生后不久，她又移居紫禁城内的宁寿宫，同时解除光绪帝在瀛台的幽禁状态，命其同住宁寿宫中。联军进攻北京后，事态变得十分危急，光绪帝屡次进言议和，甚至愿意亲往外国公使馆排解纷争。但西太后完全不予理睬，说万一有事就迁到西安，并命人做好准备。八月上旬，西太后屡次向端郡王和荣禄问及西幸之事，

被西方人丑化的慈禧太后

他们认为两宫离京并非小事，所以尽量隐瞒联军进攻真相，以便考虑应对之策，结果所有事情均未据实上奏，只是蒙骗太后说联军不会马上攻打北京。然而，情况远远超出了他们的预期，联军于八月十四日就已攻破北京的各个城门，至此端郡王等才不得不决定尽快动身。十五日一大早，荣禄、马玉昆一同赶到神武门，马玉昆留在门前，荣禄一人进内到了太后的宫中。不到30分钟，西太后和光绪帝穿着又脏又乱的粗布衣服，在荣禄的陪同下徒步跑到神武门，坐上门前宦官驱赶的马车。随行的妃嫔、宦官等因无车可乘，只能徒步跟随其后。众人在马玉昆的护卫下，出西直门，先逃到万寿山。据说两宫出神武门时，大家全都痛哭不止，就连西太后也用那穿不惯的粗布衣服拂袖掩面而泣。可以想象，当时的情形何等凄惨！这不禁让人联想到唐玄宗在安禄山之乱时，与杨贵妃一起播迁蜀地的情景。

两宫西巡如此仓促，西太后穿着一件蓝色夏衫，连头发都没有梳理，光绪帝则只穿了件黑纱长衫和黑布戢裙，没有携带任何行李用品。他们在八月十五日清早乘坐简陋的马车逃出宫城，到达贯市后才得到三乘驼轿（在骆驼上安置的轿子）[1]，其中一乘由光绪帝和伦贝子同乘。至怀来县后，县令为他们派出一乘大轿，到宣化县后又得到了四乘轿子，至此两宫和大阿哥等人才都乘上轿子。一行人在出京后的三天里，夜间睡没有被褥的火坑，也无换洗衣服，吃饭更是没有人进奉侍候，每日只以稀粥果腹，饱受饥饿之苦。随行的妃嫔、宫女、太监等很少，诸王贝勒与官员也十分有限。皇族中有端郡王、庆亲王、那郡王、肃亲王、伦贝子、棣贝子等，官员有刚毅、赵舒翘、王文韶、溥兴等5人，各部院司员共十一二人，满小军机2人、汉小军机1人，神机、虎神营八旗练军约千余人，再加上马玉昆率领的护卫兵约千余人。但是，兵丁在中途逃亡者甚多，又因沿途商家都闭户逃跑，西太后一行等连购买食物都非常困难。在此将其出京后至太原府的西巡日记简短摘录如下：

八月十五日：驻贯市，行程七十清里。李姓杨姓进面饭、小米粥、蔬菜，并二马车轿。

十六日：岔道，九十里。是处无供给，苦甚。

十七日：怀来县，驻跸二日，五十里。县令进燕席，并汉装女衣、皇上衣、大阿哥衣。

十九日：河城，六十里。江北通进缘轿，并进旗衣。

二十日：鸡鸣驿，四十里。

二十一日：宣化县城，驻跸四日，六十里。供给稍好。

二十五日：左卫原，六十里。行宫狭隘，绝无预备。

二十六日：怀安县城，六十里。供张草率。

1 实际上为骡驮轿——编者。

慈禧西逃途中（西方人绘）

二十七日：山西天镇县城，八十里。岑春煊进荷包鸡蛋。

二十八日：聚乐堡，驻跸二日，六十里。

三十日：大同府城，四日，六十里。供张稍觉周备。

九月三日：怀仁县，九十里。供张草率。

四日：山阴县代兵镇，一百里。行宫湫隘。

五日：代州之广武镇，八十五里。

六日：阳明堡，七十五里。岑春煊进野黄花一提。

七日：原平镇，八十里。

八日：忻州城，八十里。是日在二十里换黄轿三乘、缘轿二乘。

九日：黄土寨，六十里。

十日：太原府城，六十里。一切供张灿然可观。

上述记录，自西太后一行八月十五日起驾离京，至九月十日到达山西省城太原府。太原距北京不过只有二百里[1]，可他们却走了将近一个月，可见当时的情况有多么的艰难。那一年，西太后已经66岁高龄。

7.蒙尘后的北京

战后的北京和天津非常惨淡，其中北京尤甚。两宫逃出宫城时，除了身上的衣服几乎别无他物，所有的珍宝器具全都留在了宫中。各国联军占领北京后，将所谓军纪、公德全都抛到脑后，如饿虎扑食般开始掠夺，宫城自然不在话下，诸王大臣的宅院同样随意乱闯，奸淫妇女，盗窃书画、古董、服饰、金银珠宝……万寿山颐和园是俄军的目标，他们生性贪婪，在联军中暴行最多，将颐和园内西太后耗巨资置办、华美至极的装饰品和备用品洗劫一空。而号称文明之国、基督教国的欧美各国，对北京和天津的掠夺中，也将其野兽本性暴露无遗。但与之为伍的日本军，军纪最为严肃，鲜有侮辱妇女和掠夺物品之事，属于一支仁义之军，博得了世人的称赞。

联军占领北京时，没来得及逃走的王公大臣不在少数，徐桐就是其

1 日本里。1里合3.927公里——译者。

在北京街头抢掠的日本兵

中之一。他自认为庇护“团匪”，绝无活路。八月十八日，在其子徐承煜的逼迫下饮泣悬梁自尽，尸体在梁间悬挂数日。怡亲王被俄军拘捕后，受尽鞭挞之刑，每日只给面包一个、清水一杯，饱受疾苦。崇绮在破城之后，虽然逃到了保定，但其子崇葆眼见其妻女遭人凌辱，愤忿无地自容，服毒自尽。张之万府邸被掠夺殆尽，只剩下几件破旧的衣物。其他王公贝勒等，有些没有食物，只能变卖家中珠宝。最为可怜的当属妇女，她们因裹着小脚行动不便，加上各国军队行动迅速，很多都没有时间逃走，她们中的年轻者大多惨遭凌辱，或被卖到妓院，或投井惨死。《字林沪报》对当时的状况记述如下：

此次之变，官民死者不计其数。而城中各处，朝衣朝冠之男尸及凤冠霞帔红裙之女尸，触目皆是。其自缢者，往往一绳高系，终无人解，或项断身落，头尚悬于其上，闻者不堪伤心酸鼻。

清国的说法虽多少有些夸张，但实际情况也大致如此。呜呼，弱国之民！

北京城内的高官、富豪宅邸，无一不被洗劫一空，城内外十分之二三遭到烧毁。人们妻离子散，战后的北京变成了黑暗的世界。各国军队无论将校还是普通士兵，都争先恐后地进行掠夺，他们有的担心以军人身份携带掠夺品会遭到处分，便随时将“战利品”以极低的价格进行变卖，100颗三分大的珊瑚珠只卖一银元。这些掠夺品在战后被各国带回后都成了珍宝，最近还在欧洲的一些古董店时有出现。去年四月三日及十日，上海《德文新报》（Der Ostasiatische Iloyd）中有段珍贵的记事：

> 光绪帝的婚礼书
>
> 1900年和1901年，北京被占领期间，西太后和光绪帝仓皇蒙尘

日本兵的杀人场面

西安，导致保存在宫城中的重要文件无从整理，大多散佚而失。这些文件十之八九已不知所踪，大部分毁于兵火，或者因无人知晓其珍贵性而遭到毁坏，幸存的几部散佚到欧美各国后，也不知其为何物。最近，在德国就发现了一部珍贵文件。起初是今年二月中旬，南德意志的一个市民给驻柏林清国公使写了一封书信，其中以文言文写道："余近日在某处得一记有清国文字的绢地记录，请通晓清国语言者翻译后发现，乃与光绪帝陛下婚礼有关之物，余通过欲高价出售者才得以入手，费劲苦劳。"云云。而关于如何入手的过程却没有明确说明。其后，此人再次致信，并附有该记录的照片。驻德清公使看到后大惊，这毫无疑问就是光绪帝与已故皇后那拉氏婚礼有关的资料，于是经德国外务省之手迅速将其买入，并于三月二十七日立即送回清国政府。

这样的事情值得赞许。而宫城的贵重物品究竟有多少被各国联军掠夺到国外，真是应该好好查一查。

8.议和与西安移跸

各国联军占领北京，两宫蒙尘太原府，端郡王、刚毅等顽固党也失去了势力，于是议和之议渐起。光绪帝当然赞成议和，可固执逞强的西太后却并不赞成，加上顽固党端郡王等人仍随侍两宫左右，因此议和派也就没有很得势。

这时的联军情况如何呢？北清事变中最受"侮辱"的是德国，其驻清公使克林德被"暴徒"杀害的电报一到柏林，性情急躁的威廉二世便暴怒异常，德国国民也主张立即出兵进行惩罚。其结果，经俄帝认可和

八国联军统帅瓦德西

各国同意，任命元帅阿尔弗雷德·冯·瓦德西为各国总指挥官，古洛斯[1]少将为总参谋长，噶伊鲁[2]少将为副参谋长，率领2万大军向北清进军。68岁的瓦德西老元帅在九月二十七日到达天津后设置总司令部，在他的指挥下，八国联军总数共计9万人、大炮280门（德军2万人、大炮62门，法国1.7万人，日军1.6万人，俄军1.5万人，美军1万人，英军7300人、意军2100人、奥军300人），颇具士气。各国海军也陆续集中到大沽口和天津，共拥有大小军舰510艘、水雷艇23艘，气势非凡，顽固派见状也甚为恐惧。

联军于十月十八日进入北京大本营，瓦德西元帅本想以宫城内仪銮殿为居所，但他认为有必要在此之前对直隶省内的义和团进行扫荡，所

1 音译——译者。
2 音译——译者。

以决定先占领虐杀教民严重的保定府，派出第一军队5800人，由英国将军Gaselee统帅，第二军队5000人，由法国将军佛尔雷率领，于九月十二日从北京、天津两方面出发进击，于同月十九日占领保定府。瓦德西元帅甚至决议向两宫所在地太原府进攻，于是西太后在太原府也待不下去了，决定逃往更为安全的西安府。

议和主张在驻跸太原府时还没有出现，后听闻各国大军将至，西太后也不得不有所退让，于八月二十八日发出上谕，任命庆亲王为议和全权大使，从太原派往北京；又命李鸿章为议和大臣，命其即刻从任地广东北上入京。九月三日，庆亲王入京，李鸿章于同月二十日也到达北京。另一方面，太原府的临时政府又于二十五日发出惩罚元凶的上谕，还特意派出要员前往日本和德国进行谢罪，表达恭顺之意，于是各国也同意不再追究，决定与清国议和。但在此过程中，德、俄等国曾与清国有过激烈的外交交涉。

虽然两宫已经认可议和，但各国大军依然驻在北京，使得两宫被迫居于太原府。九月二十九日，两宫又发出上谕，将于十月一日启程前往西安。同时特别指明端郡王、庄亲王、刚毅、赵舒翘等为义和团元凶，不允许这些王大臣随行，严命他们必须留在太原府。这到底是出于西太后本意还是庆亲王的献计，虽然不得而知，但此举却避免了顽固党的牵制，对于议和非常有利。起驾西安的上谕如下：

上谕：朕恭奉慈舆，驻跸太原，将近两旬。诸省适值荒歉，千乘万骑，供亿维艰，食用皆昂，民生滋累。每一念及，惄焉难安，且省城电报不通，京外往来要件，转辗每多延误。不得已谨择于闰八月初八日启銮，西幸长安。沿途供顿，及到后起居服用，祇取便适。承办各员，不得过事铺张，致滋糜费。至于筹粮筹饷，责在疆臣。著各该督抚实力筹划，源源报解。东南各省，转运较易，并著

慈禧在太原府的"行宫"——山西巡抚衙门

将筹定粮饷，迅解行在，以资接济。将此通谕知之。钦此。

按照上谕所说，移跸西安的主要原因是山西省歉收，通信不便，实际上这只是表面的托词，真相是对各国联军进攻的恐惧。

9.两宫驻跸西安

西太后和光绪帝于光绪二十六年十月一日从太原府出发，同月十九日入潼关。西太后本想上华山拈香，后因山路险峻作罢，代之以华岳庙拈香，在灏灵殿行六叩礼，又登上万寿楼凭眺以慰旅情。十月二十六日，西太后、光绪帝一行平安抵达西安，当时的陕西巡抚端方已经做好一切准备，迎接圣驾。

西安古称长安，北有渭水，东有灞河，南有秦岭，又有终南山耸立，实为险要之地。周、秦、汉、晋、西魏、后周、隋唐皆定都于此，名胜古迹颇负盛名。既有未央宫、柏梁台，又有阿房宫址、坑儒谷，韩愈诗中的蓝关也在西安府。西太后因避乱蒙尘，驻跸在此，想必一定感慨万千！

两宫行宫初设在总督官衙的南院，后因巡抚衙门北院比较轩敞，设备较为齐全，故迁移至此。依照两宫旨意，行宫从墙垣到房舍皆改涂为红色，并设置两宫及大阿哥的起居室、召见处、亲王办事处等。西太后因年事已高，加之从北京出发后一路劳顿，健康受到很大影响，到西安后又因为水土不服，罹患胃病，夜不能寐，只得让太监日夜不休地捶背。相反，光绪帝倒颇为健康，似乎较之在北京宫城时更有精神，只是脾气依然暴躁，稍不如意就对太监大声斥责。

西太后和光绪帝的御膳费用，每日多达200余两，岑春煊请求进行适当节约，西太后却拿北京宫中的膳费相比较，称这不过是当时的几分之一。最后在岑春煊的执意请求下，才多少减了一点。即便如此，每晚

西安府行宫花园

呈给两宫的菜品也多达百余种，颇为奢侈。西安是个交通不便的地方，好的菜品也不过是鸡鸭鱼肉，后来地方大员陆续献上燕窝、海参等物，御膳才逐渐变得丰富起来。光绪帝喜欢吃黄芽菜，不吃荤，西太后则爱吃面筋。两宫都喜欢喝牛奶，在北京时还为此特地开设牧牛苑，喂养6头上等乳牛。在西安也同样下旨喂养乳牛，其中有6头供两宫御用。两宫到达西安以后，很少外出，整日行宫内怅然度日。西安市内有两个梨园，几乎荒废，西太后下令对其大加修缮，从北京请来名优前来演戏。太监们不忍看她时常含泪度日，得空就请她去看戏，西太后却说："你们去听吧，我是断没心肠听戏的。"西太后可能是害怕触景伤情吧！妇人天性喜爱戏剧，现在北京宫城内也有很气派的皇室舞台。

在行宫临时设置的军机处，有荣禄、王文韶、鹿传霖3位大臣。荣禄势力最大，王中堂不得要领，鹿尚书只是一味附和荣中堂。护卫的满洲军人约250名，称为亲卫队，交替护卫。但行宫的护卫任务主要由董福祥率领的甘肃大队负责，董对两宫多傲慢无礼，常有谣言说西安行宫的人都是他的俘虏。但事实上，还有忠实的马玉昆在保护两宫。

行宫所需经费无数，从西安驻跸之始至次年二月，即已花费500万银两。岑春煊及其以下地方官员，对于征发钱粮都苦闷不已。当时的宦官李莲英、黑辛、孙太监等奸人又极为跋扈，对地方贡献的金品、饷银极为贪婪，大肆私吞。

10.议和谈判

1900年十二月二十四日，清政府与各国公使的议和谈判在西班牙公使馆展开。在此之前，各国之间对于议和条件产生了利益冲突，始终不能达成一致。事变中受损害最大的俄、德两国开出了苛刻的条件，其他各国相互妥协，最终由法国公使起草草案，十月上旬提交各国公使团。

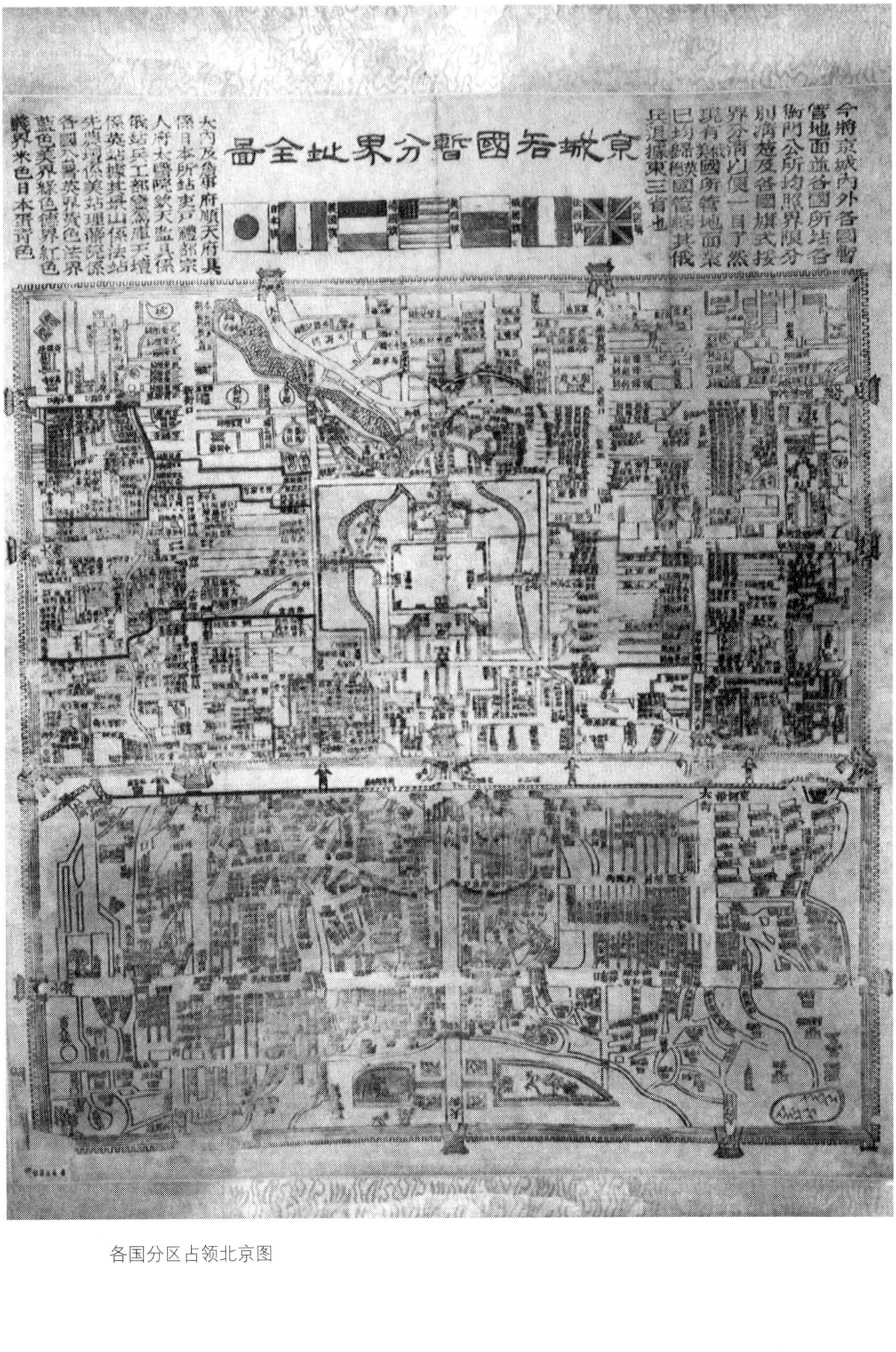

各国分区占领北京图

公使团随后对草案进行逐条审议，于十一月二十四日最终确认。最后，将确认好的议和条件（即联名公书），提交给清国议和大臣。

清国方面，议和大臣庆亲王和李鸿章分别于九月三日、二十日到达北京。同被任命为议和大臣的张之洞和刘坤一，则留在任地，以应咨问。议和谈判如前所述，十二月二十四日在西班牙公使馆召开，清国的庆、李两大臣与各国公使就议和条件展开了激烈的谈判。条件中的最难点，无疑就是处罚祸首和赔偿款问题。祸首中从庄亲王、端郡王到地方大官，共涉及100多人，所以清国政府不可能轻易答应；赔偿款要四亿五千万两白银，相当于日本国九亿五千二百万日元！这对清国来说，在财政上无疑是个沉重的负担。此外，议和谈判过程中最大的障碍是，两宫居于远在千里之外的西安，谈判的条件又必须通过电报，请其一一定夺。因此，谈判共交涉八十余个回合，从十二月二十四日一直持续到第二年的十月二十六日，历经近一年的时间才终于有了结果。议和条件非常繁杂，在此恕不详细记述，仅对惩处祸首一事作简要介绍。

对于挑起北清事变的祸首，各国都大力主张严惩。特别是公使遭到杀害的德国，一开始提出要引渡祸首，后经各国调停才多少做了些让步，同意将惩办祸首的事情交给清国政府办理。经各国公使指名的祸首有百余人，在此将主要人物列举如下：

姓名	刑罚	罪情
庄亲王	流放新疆	煽动“拳匪”、发布攻击教堂和使馆的伪敕
端郡王	褫夺爵位，斩监候	轻信“拳匪”、肇衅端
辅国公	斩监候	随同庄亲王发布伪敕
毓　贤	斩立决	妄信“拳匪”、杀害新教徒
刚　毅	病殁未追究，追夺官爵	庇护“拳匪”、发布伪敕

董福祥	革职	攻击使馆
英　年	革职并赐自尽	与发布伪敕有关
赵舒翘	自尽	庇护“拳匪”
徐　桐	自尽不追究	轻信“拳匪”
李秉衡	同上	让成祸源
启　秀	革职、斩立决	力庇“拳匪”
徐承煜	同上	同上
蒙古塔拉特王	革职查办	杀害教民
蒙古喀拉善王	传旨申饬	驱逐教士
蒙古中翳尔王	同上	杀害教民
裕　禄	同上	庇护“拳匪”
庆　善	同上	虐待外国人
刘树堂	革职永不叙用	激成衢州教案
荣　铨	发往边疆充当苦役	同上
恩　普	同上	杀害教士教民
凤　翔	同上	同上
鄂　英	同上	同上
……		

如上记录，上至皇族大臣，下至大官小吏，人数多达一百数十人，全部受到了或轻或重的处罚，曾持滔天之势的顽固党几乎被扫尽。其他与事件没有直接关系、但在各国看来有所浸染的大官，如荣禄等，也从此不再被重用。可以说，开化党的庆亲王、李鸿章等人又重新得势。北清事变是清国近代的大事变，清国因此丧失体面，负担大大加重。但换个角度来看，顽固党因此被铲除，昔日的迷梦被唤醒，西太后也从事变中受到感悟。从西安返回北京后，她开始重视外交，赞成改革，清国之

1901年9月7日，《辛丑条约》签字场景

所以有今天的进步，也是北清事变结出的果实。

11.两宫回銮之迁延

岁月如水，匆匆而过。转眼间，从两宫于光绪二十六年七月二十一日西巡开始，时间已经过去一年了。光绪二十七年九月十五日，议和谈判终于见到曙光，北清从此恢复了和平。然而，两宫并没有马上回京，庆亲王等大臣多次电请两宫回銮，可太后对此不予回应。她可能觉得北清还在联军占领之下，颇为危险吧。

关于两宫驻跸西安时发生的事情，值得书写的内容颇多，很难全部介绍，在此只对其中的几件重要事情进行简要记述。

遗憾的是，即便偏居西安行宫，清国官吏腐败堕落的本性也没有丝毫收敛。世人对荣禄的批判虽已逐渐衰弱，有的称之为逆臣，有的骂他是汉奸，可是不管怎样，他的贪黩却是最出名的，所有贿赂一律收受。陈泽霖则对军需用品大肆侵吞。深受西太后宠爱的宦官李莲英，更是嚣张跋扈，极力隐瞒各省的进贡物品，对贿赂少的还挑剔备至。

慈禧画像（西方人绘）

有一次，皇太子溥儁带着几个宦官去城隍庙参观祭祀，结果因为座位之争与担任行宫护卫的甘肃军队发生争执。宦官受了伤，戏园和饮食店就跟着遭了殃。宦官们仰仗某中丞的势力，将园内各项活动悉数禁止，还把园主处以枷刑。其告示曰："两宫蒙尘，万民涂炭，是君辱臣死之秋。上下共图卧薪尝胆，何事演剧行乐。况陕中旱灾浩大，尤宜节省浮费，及一切饭店酒肆，均一律严禁。"云云。

理由貌似颇为一本正经，但告示贴出不久，各剧场场主就开始活动军机大臣荣禄和工部侍郎溥兴，又贿赂李莲英，结果又立刻重启开演了。其告示曰："天降瑞雪，预兆丰盈，理宜演剧酬神。所有园馆，一律弛禁，惟弛禁滋闹如违重惩。"云云。

真是令人捧腹！先说什么“君辱臣死之秋”，严禁演戏等穷奢极欲的活动；墨痕尚未干透，就改成瑞雪降临是丰年之兆，应该演戏，以示对神灵的酬谢。这种滑天下之大稽的事，在清国之外恐怕很难发生。

据说有个叫夏震武的顽固党上书，引用太公望、韩信的故事，献计称光绪帝应该设台拜帅，尝试与各国联军决一死战，把他们驱逐出北清，得到了西太后的赞赏。此事多半属于误传。

清历十月初六日，某中丞提议举办祝贺西太后的万寿节的盛典，后因溥侗厉声反对：“现国家败坏至此，最近又听闻东陵也被各国联军占领，这种情况下，若举办万寿节庆典何以对祖宗！”于是事情才算作罢。

皇太子溥儁完全失去了西太后的宠遇，还常常受到鞭挞。他颇为顽皮，厌恶学习，只一味沉迷于音乐。

醇亲王载沣赴德国谢罪时，与随行人员在轮船上

驻跸西安过程中，西太后为了摆脱顽固党之名，以讨外国的欢心，频频发出上谕提出改革，如废总理衙门改为外部。清历八月二十九日，又颁布上谕，废止文武科举，制定新的文武官员选用法。作为北清事变的谢罪使，任命醇亲王载沣为头等专使大臣、前内阁学士张翼、副都统荫昌作为随员，派往德国；任命户部右侍郎那桐为专使大臣、外务部章京顾肇新等为随员，派往日本谢罪。

北清虽然恢复了和平，可两宫却迟迟不肯回銮。有人说这是鹿传霖一派进行阻碍的结果，王文韶等人为此大为愤慨，但实际上是西太后在揣测各国心底，故意拖延时日。此外，因为顽固党已被肃清，庆亲王奕劻被任命为改革的外务部总理大臣，体仁阁大学士王文韶、工部尚书瞿鸿禨被任命为会办外务大臣，太仆寺卿徐寿朋、候补三品京堂联芳被任命为左右侍郎，清政府因此焕发出开明的活力。

12.两宫回銮

两宫始终不肯回銮北京，直到1900年十一月十二日，才终于回銮至河南省开封府。可是，两宫好像仍对北京的各国联军存有顾忌，就驻在开封府，不敢轻举妄动了。庆亲王一是为了劝促两宫回京，二是为了探听两宫关于东三省问题的意向，于是便亲自赶到开封。他先谒见了光绪帝，皇帝没有深入问及北京之事，指示说李鸿章已死（李于此年十月七日去世），京中无人，宜速回京。庆亲王复奏曰：

> 臣来时京中已无甚紧要事，李虽既已物故，各国均画押终后（最终签订议和议定书的意思），想应无意外之变，若虑人心不定，臣虽归京亦不能镇定，如圣驾早示回京之准期，则人心始定。

晚年时的李鸿章

皇帝答曰：

有人奏云，京师乃最危险之地，万不可归，且各国公使馆境域，逼近宫城，断绝街道，禁阻行人。朕欲归京，将何以为情？当年文宗显皇帝之所以决计不归京，是因为顾及无颜复见宗庙。然以昔日情形较之今日，尚且有可忍之处，况且按照如今决定的议和条件，朕完全没有立足之地，朕何以见宗庙百姓！

皇帝说到这里，满面涕泪横流，哽咽不能言，庆亲王也呜咽哭泣不止。庆亲王恳切地奏请皇帝，叩请他们能尽早回銮，渐渐得到了两宫还京的许可，确定于十一月二十七日起驾回銮。可是中间又不断发生变故，经过再三延期后，两宫最终于1902年（光绪二十八年）一月七日经铁路返回京城。

两宫乘坐的特别火车，由一辆火车头和22节车厢组成。车头及御乘的车厢装饰着黄色绢布，2000多名王大臣等官员在车站恭迎圣驾。皇帝下火车时，奉迎者悉数俯身跪地，直至皇帝上了轿子后才起身。西太后又将京汉铁道运输科长和列车长召到御座旁，热情地给予赏赐。直隶总督袁世凯身穿新赐的黄马褂，在卤簿仪仗最前头引导带路。皇帝、太后各乘八抬大轿，队列整齐庄重。西太后还特意发布内谕，要求对外国人要尽量给予礼遇。之后，西太后的轿舆在宫城东面的观音庙前停下，两宫在宦官搀扶下走下轿来，慢慢进入庙内。大约5分钟后，西太后重新出现，在庙门前驻足而立，她的视线刚好看到德国公使及书记官、美国守备队士官及夫人，以及新闻记者等站立的地方。于是，她向众人欠身行礼。又走了几步，发现外国人在对她还礼，于是她又再次行礼。西太后的脸色很好，珠圆玉润，眼睛细长，口稍大，嘴唇很薄，帽子前方饰

两宫回銮时乘坐的火车

以金色，身穿蓝色衣裳，袖子及下裳交织黑白色。

两宫还京宣告北清事变的结束。皇太子的废立，则是在西安驻跸过程中发生的事，下面就略加介绍。

废黜皇太子

皇太子溥儁是在两宫驻跸西安期间，即光绪二十七年十二月被废黜的。立此人为太子，原本就是西太后在端郡王和刚毅得势时不得已的办法。北清事变后，皇太子的父亲端郡王被流放，刚毅在战乱中病死，皇太子被废也是顺理成章的事。皇太子性情顽愚乖张，厌恶读书，而喜欢音乐、骑马和拳棒，还每天与数名太监一起去戏园看戏。他经常头戴金边毡帽，身穿青色紧身皮袄和枣红色圆领褂子，与下流社会的穿着几乎没有区别。他尤其喜爱京剧《连环套》，对此剧目中的名叫严玉的演员屡加赏赐。他也特别喜欢音乐，自己还会演奏，伶人奏乐时如果调子不合，他就会直接将其叫到跟前进行叱责，甚至会亲自上台打起鼓板、拉起胡琴来。对于皇太子的废立，起到最大作用的当数庆亲王。庆王曾给两宫上奏，将废立大阿哥（即皇太子）、罢黜荣禄和严惩董福祥之事，一一条陈列出。结果西太后大为感悟，遂做出英明决断，废黜皇太子。其上谕如下：

朕钦奉慈禧端佑康颐昭豫庄诚寿恭钦献崇熙皇太后懿旨，已革端郡王载漪之子溥儁，前经降旨立为大阿哥，承继穆宗毅皇帝为嗣，宣谕中外。慨自上年“拳匪”之变，肇衅列邦，以致庙社震惊，乘舆播越，推究变端，载漪实为祸首，得罪列祖列宗，既经严谴，其子岂宜膺储位之重？溥儁亦自知惕息惴恐，吁肯废黜，自应更正前令。溥儁著撤去大阿哥名号，并即出宫，加恩赏给入八分公

庆亲王奕劻

衔俸，毋庸当差。至承嗣穆宗毅皇帝一节，关系甚重，应俟选择元良，再降懿旨，以延统绪，用昭慎重，将此通谕知之。钦此。

上谕中提到了一个入八分公衔。这个八分公的起源是，清太祖天命年间（1616～1626年）立八个和硕贝勒，共议朝政，各置官署，称为八分。天聪以后，宗室内有特恩封公及亲王余子授封公者，皆不入八分；其有功加至贝子，准入八分。也就是说，入八分公是皇族中身份显著的人；不入八分公有镇国公和辅国公，均属皇族中的下等，也就是不准进入八分公中的皇族。

就这样，皇太子溥儁在光绪二十七年末被废黜，其后就一直没有册立皇太子。光绪帝生于1872年八月二日，今年36岁，在位已经34年了。

据说他的身体很是虚弱，恐怕将来也不大可能诞下皇子。这样就必须从皇族中选立皇太子，但目前还没有这方面的指令。有人认为很可能会立醇亲王，可现在看来却似乎不像。前面已经说过，清国皇帝在位期间，并没有册立皇太子的惯例，虽然说没必要操之过急，但鉴于以往的弊害，还应尽早确立皇储为宜。关于皇太子的事情，后面还要介绍。

接见各国公使夫人

北清事变虽由端郡王、刚毅等人所导致，西太后只是不得已而为之，可是各国对此并不相信，认为她才是主谋。西太后为了讨取各国欢心，想方设法与他们融洽感情，在尚未返京之前，即1902年一月一日就发出如下上谕，提出接见各国公使夫人：

> 朕钦奉皇太后懿旨，国家与各友邦讲信修睦，盘敦联欢。现在回銮，京师各国驻京公使，亟应早行觐见，以笃邦交而重使事。俟择日后，皇帝于乾清宫觐见各国公使；其各国公使夫人，从前入谒宫廷，极称款洽，予甚嘉之，亦拟另期于宁寿宫觐见公使夫人，用昭睦谊。著外务部即行预备，请旨定期，一并恭录照会办理。钦此。

外国公使和夫人的谒见，在文明国家属于国际惯例，没有什何不可思议之处。清国的文明谒见仪式非常繁复，当年副岛种臣任日本驻清国公使时，还有幸先于各国公使觐见了同治帝。当时清国政府要求外国使臣行跪拜之礼，并主张公使团的座次按照任命的先后顺序而定，可是副岛执意要求行三揖礼，而且因其全权大使的身份而要求头等待遇，应该单独谒见。经过多次交涉，清政府终于同意按照副岛公使的意见进行谒见。

此后，外国使节谒见一度中断，直至光绪十三年举办皇帝亲政仪式

1873年，外国公使在紫光阁觐见同治皇帝

才重新实行。当时的谒见地点是在紫光阁，有人议论说那里是蒙古、西藏等外藩的谒见场所，各国使节作为其君主的代表在此谒见并不合适，但最终并未改变地点。

在清国，外交官要求谒见是件很困难的事。如今，西太后竟主动要求接见外国公使，真是格外开恩啊！谒见时间定在1902年二月。在光绪帝接见各国公使的几天后，西太后也热情地接见了公使夫人。她特别赏赐日本国小松公使夫人和美国康格公使夫人以金手镯。手镯为纯金质嵌玳瑁，表面有两道掐丝，掐丝之间满嵌珍珠。此外，还有金蓝缎子七八卷。其他各国夫人也都得到了相应的赏赐。康格夫人在北清事变前就已来到北京，所以西太后特意对她说：

“今天见到你非常高兴，希望以后能经常见面。”

康格夫人回答：“以前谒见时就承蒙陛下厚爱，深感荣幸。如今忧虑的还是贵国的事变，不过仰承陛下的睿智与关怀，外国人能够日益安全，才得以与各位夫人一起这样近距离地重见天颜。”

谒见时最受垂爱的是日本公使馆书记官日置益的女儿，西太后非常喜爱她，赐给了一枚嵌着大颗珍珠的金戒指和数卷贵重绸缎。谒见后的第二天，西太后还向清国驻各国公使发出训电，大意为：此次各国公使夫人等入觐，很是满意，其中美国公使夫人在事变之前就已驻京，有的公使夫人在拳乱时离开京师，如今是否还在其本国居住？安健与否？并让驻各国公使转达问候。可见西太后无论何时何地，考虑问题都十分周全。

慈禧会见外国公使夫人。前立者为日本公使馆书记官日置益的女儿

赐宴各国公使及夫人

在接见各国公使夫人半年之后，西太后又在颐和园郑重赐宴各公使及夫人，这可是史无前例的事啊！

这一年的十月三日，西太后将各国公使夫人召入颐和园赐宴，又于十八日在那里设宴招待各国公使。当天上午十时，以美国公使为首，日本国内田康哉公使率山根少将及军官、翻译官等到达颐和园。庆亲王作为负责人诚恳地接待了他们。众公使在正殿用完午餐后，被特赐上殿谒见西太后和光绪帝。西太后首先向他们表示问候，美国公使作为代表致答词。退出之后，庆亲王、肃亲王带领公使们游览万寿山，泛舟昆明湖，各国公使不胜欢畅。西太后精于辞令，擅长外交，对任何人都一视同仁给予恩遇，各国公使及夫人对此都深有所感。

慈禧接待外国公使夫人（西方人绘）

停止官位买卖

西太后在义和团事件之后频频发布上谕，提出改革，足见她并不是一个顽固派。停止官位买卖就是其中一项广受欢迎的政策，当时的上谕如下：

> 懿旨：捐纳职官，本一时权宜之政，近来捐输益滥，流弊滋多，人品混淆，仕途冗杂，实为吏治民生之害。现在振兴庶务，亟宜加意澄清，嗣后无论何项事例，均著不准报捐实官，自降旨之日起，即行永远停止。统限一个月内截数报部，毋得再请展限。其虚衔封典翎枝贡监及现行常例准捐各项，究竟有无妨碍，著该部覆议，奏明办理。钦此。

禁止实官即现任官位的买卖，对于虚职官位如何处理，则调查之后再行定夺。这当然是个不错的改革措施。

满汉通婚与禁止缠足

西太后的另一个英明决断，就是许可满汉通婚，同时断然禁止缠足。缠足是唐代以来的一大恶习，在直隶首府极为盛行，其他22个行省都无处不染此习。更有甚者，川粤地区的妇女竟致骨折筋断，不加以搀扶无法行走。清国一直试图废除这一恶习，曾于顺治十七年、嘉庆九年、同治十年等年份，数次下旨禁止缠足。民间方面，天津有天足会，湖南有不缠足会，都试图废止缠足，但都未能得以贯彻实行。西太后在懿旨中说：

我朝深仁厚泽，沦浃寰区。满汉臣民，朝廷从无歧视。惟旧例不通婚姻，原因入关之初，风俗、言语或多未喻，是以著为禁令。

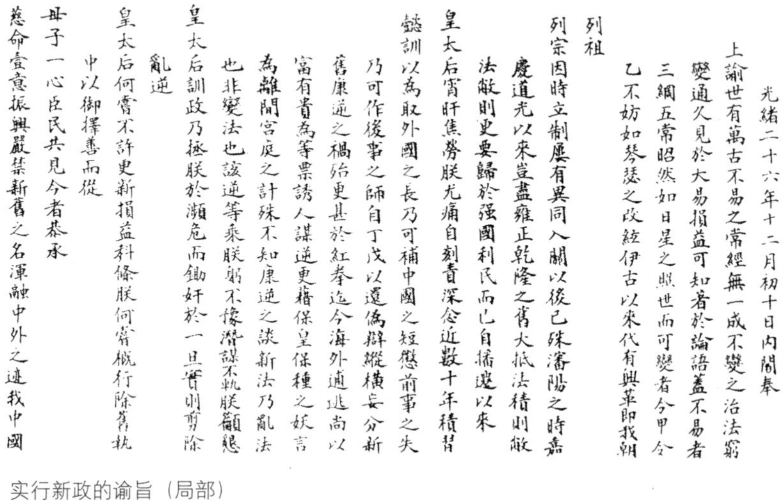
光緒二十六年十二月初十日内閣奉
上諭世有萬古不易之常經無一成不變之治法窮
變通久見於大易損益可知著於論語蓋不易者
三綱五常昭然如日星之照世而可變者令甲令
乙不妨如琴瑟之改絃伊古以來代有興革即我朝
列祖
列宗因時立制屢有異同入關以後已殊瀋陽之時嘉
慶道光以來豈盡雍正乾隆之舊大抵法積則敝
法敝則更要歸於强國利民而已自播遷以來
皇太后宵旰焦勞朕尤痛自刻責深念近數十年積習
懿訓以為取外國之長乃可補中國之短懲前事之失
乃可作後事之師自丁戊以還偽辯縱横妄分新
舊康逆之禍殆更甚於紅拳迄今海外逋逃尚以
富有貴為等票誘人謀逆更藉保皇保種之妖言
為離間宮庭之計殊不知康逆之談新法乃亂法
也非變法也該逆等乘朕躬不豫潛謀不軌朕籲懇
皇太后訓政乃拯朕於瀕危而鋤奸於一旦實則翦除
亂逆
皇太后何嘗不許更新損益科條朕何嘗概行除舊執
中以御擇善而從
母子一心臣民共見今者恭承
慈命壹意振興嚴禁新舊之名渾融中外之迹我中國

实行新政的谕旨（局部）

今则风同道一，已历二百余年，自应俯顺人情，开除此禁。所有满汉官民人等，著准其彼此结婚，毋庸拘泥。至汉人妇女，率多缠足，由来已久，有伤造物之和。嗣后搢绅之家，务当婉切劝导，使之家喻户晓，以期渐除积习。断不准官吏胥役藉词禁令，扰累民间。如遇选秀女年分，仍由八旗挑取，不得采及汉人，免蹈前明弊政，以示限制，而恤下情。将此通谕知之。

当然，这个上谕仍是有名无实，其效果如何目前还无法验证。但不管怎样，这样的决断至少看上去还是很英明的。

西太后与荣禄

荣禄

荣禄是西太后姐姐之子，满洲正白旗，荫生出身，自幼养在宫中。因为是在西太后膝下长大，因此深受宠爱，逐渐成了北京政府的大人物。[1]他是个彻头彻尾的西太后党，反对光绪帝。将皇帝的师傅翁同龢驱逐出朝廷、戊戌政变时杀害六烈士，以及废黜皇太子，都是他的主谋。义和团事变时，他统辖武卫全军，握有兵权，如果能够及时清剿“团匪”，事态也不至于发展到后来那么严重。他首鼠两端，有意保护义和团，各国公使已看出端倪，差点把他列入祸首。他听说后极为惊

1 此说不确，荣禄与慈禧并无亲属关系——编者。

惧，一面更加紧密地追随西太后，一面大行贿赂，又通过余聊沅和美国人福开生向各国领事辩疏，让他们转达给各公使，才免于祸首的处分。他与西太后多少有亲戚关系，又会巧妙地讨好太后，因此在北清事变后仍旧很有势力。他也曾顾忌世间的物议，上奏请求辞职，但西太后特意赐如下敕语，不许他辞职：

大学士荣禄奏，陈下情恳请开去各项重要差使一折。该大学士，公忠体国，谨慎小心，久为朝廷所信任。上年“拳匪”之变，众口纷呶，该大学士独能坚持定见，匡定大局，厥功甚伟。今虽时事粗定，而元气大伤。除弊更新，百端待理。正当同心戮力，共济艰难，宫廷振厉不遑，孜孜求治，该大学士受恩深重，更何忍置身事外，独使宵旰忧劳，揆诸鞠躬尽瘁之义，于心安乎。所请著不准行。

这一温暖的敕语，偏颇之心甚强，但并不能因此诋毁西太后的圣德。荣禄于光绪二十九年病死，是个大奸人。

西太后与俄国

这已经是过去的事情了。在日俄纠纷中，西太后对哪一方比较同情呢？起初多少有点倾向于俄国的吧。当然，关于日俄纷争，世界各国都显得犹豫不决，对于双方不置可否，只有英美两国基于长期以来的关系，不论胜败都毅然选择支持日本。其他国家则无一认为日本能够获得全胜，就连德国皇帝都坚信俄国获胜而对日本采取不利行动。所以，清政府一时向背也是可以理解的。况且俄国还以其得意的黄金攻略，不断笼络北京朝廷中的某些人，或许就是这些人的不断活动，才使西太后倾向于俄国的。其结果，西太后的嬖人李莲英带着她的密旨，与俄国公使莱萨在白云观进行了秘密会谈。至于会谈内容，由于是秘密进行，所以不得而知。但巧合的是光绪三十年八月，俄国不但没有履行从满洲撤兵的计划，反而逐渐向那里增兵，在旅顺设立远东总督府，任命阿列克塞耶夫为远东总督，行为蛮横，旁若无人。

清政府的态度十分软弱，在俄国的压力下一味屈服，就连日本驻清公使内田康哉都多次提醒庆亲王注意时局。不过尽管如此，由于袁世凯相信日本终将获胜，主张排俄，因此西太后也改变了暧昧态度，在日俄间保持中立。如若清国仍倾向于俄国，西太后就会重蹈韩国闵妃的覆辙，[1]清国的命运也会因此变得岌岌可危。西太后果然英明，机敏地改变亲俄态度，这无疑是清宫的福分！至于光绪皇帝，原本就亲善日本，还曾期待戊戌变法能成为清国的明治维新，自己成为清国的明治天皇，

1 闵妃，朝鲜高宗李熙的王妃。1895年10月，因力抗日本占领而被日本人暗杀——编者。

日本人绘《日俄旅顺海战图》

所以他一开始就倾向于日本，后来得知日本胜利也一定很高兴。

战争后的光绪三十一年九月十日，西太后按每年惯例在皇极殿召见各国使臣，赐御宴，德国公使阿尔方斯·冯·穆默、法国公使吕班、英国公使萨道义爵士、美国公使柔克义、俄国代理公使璞科第等，陆续进宫谒见。西太后对各国公使不偏不倚，垂爱有加。光绪帝在仪式结束后，对德、英、法等国公使仅仅进行了还礼，唯独对日本内田公使满面微笑，露出喜悦的表情。

出行遇险

光绪三十一年八月，西太后乘銮舆前往颐和园，途中出现一个坏人想要害她。所幸巡逻检查发现及时，对那个人处以严刑，才没有酿成大祸。同月，又有一人潜入紫禁城内太和殿，身穿白衣，手持匕首，盘坐在宝座上，悠然地吸着卷烟，后被皇城巡逻逮捕。经过审讯，发现此人是个精神病，似乎没有谋害太后等人的计划。然而，改革派却将西太后视为首要目标，戊戌政变使得他们一直对太后怀恨在心，总想伺机报复。对此，西太后始终保持着警惕，毫无松懈。

炸弹骚乱

光绪三十一年八月二十二日，北京火车站发生了一起炸弹骚乱。这是清国史无前例的事情，官民对此十分震惊，其原因至今不明。

当时，北京正值立宪热潮。朝廷为了考察外国宪政，拟派遣载泽公、军机大臣徐世昌、湖南巡抚端方、户部侍郎戴鸿慈、商部左丞绍英为赴外大臣，前往国外考察情况。他们于当日上午十时四十五分，在前门火车站乘坐特别列车。就在火车鸣笛出发之际，有如晴天霹雳一声巨响，有人向火车里投入炸弹。载泽公倒在了鲜血与弹片之中，绍英脸颊受伤，徐世昌和端方两人虽然无事，但徐的随从脚部受重伤。受此事件影响，赴外计划曾欲一度搁置，后在徐世昌的极力奏请下，由尚其亨、李盛铎二人替代徐世昌和绍英，前往日本及欧美各国。

爆炸案的主谋到底是谁？上谕指示步军统领那桐和铁路大臣胡燏棻，对此事展开搜查，但最终却毫无结果。有谣传说，这些赴外大臣均属改革派的重要人物，回国后一定会担任要职，端郡王等残党为阻碍其行程而制造了炸弹骚乱，西太后就是幕后操纵者，从李莲英到王文韶、鹿传霖等失意者全都参与其谋。

实际上，这是明显的捏造，西太后与这起爆炸案没有任何关系。首先，载泽公是西太后宠爱的皇族，虽然皇族中还有恭亲王、醇亲王、肃亲王及载振、溥伦等贝子，但载泽公的突出优点就是能够体察圣意，所以很受宠爱。再者，西太后本来就支持各大臣赴海外考察政务。可见西太后与炸弹骚乱毫无关系。当然，此事也与光绪皇帝无关。所以，只能推断是想要颠覆满洲政府的革命党所为。

軍機大臣 字寄
協辦大學士外務部尚書那 都察院左都御
史壽 左副都御史張 光緒三十一年九月
初二日奉
上諭輦轂重地竟有匪人在火車上擲放炸彈之事
此等凶頑不法難保無黨羽溷迹京城暗圖生事
巡警關繫重要亟應認真辦理以消隱患而靖人
心著責成那桐壽耆張仁黼等各按地段督飭官
弁巡捕嚴密查拏加意防範務令奸宄無所容身
期於警務日有起色俾內外城一律清謐閭閻安
堵無驚用副委任將此諭令知之欽此遵
旨寄信前來

爆炸案发生后，清廷缉拿投弹“匪人”党羽的上谕

光绪帝幽禁说

爆炸案发生后，内外都传闻清帝遭到幽禁。虽然无法判断其虚实，但是当时在颐和园静养的西太后在骚乱后回宫，的确将光绪帝召到御前，严令他“谨慎从事”！其后，皇帝在7名侍卫的护拥下，从南海瀛台回到皇极殿侧房，陷入同幽禁没什么两样的生活。他的护卫兵既非绿营兵，也非武卫军，而是北洋常备军的新练兵。一时间，皇帝被幽禁的传言四起，各国公使为探虚实，不约而同地以办公事为由，纷纷提出要谒见皇帝。德国公使穆默就强烈要求拜谒两宫，最后终于得以实现。据

瀛台石桥旧影

说，光绪帝并不像身陷幽禁的样子。

戊戌政变之后，光绪帝被幽禁在西苑太液池，也就是南海莲池内的瀛台。外国使臣谒见，都是跨过小桥到达岸边，再被引领进入皇帝的便殿。这次幽禁，外国公使谒见时恐怕同样如此。至于皇帝遭到幽禁的原因，如同爆炸案一样不得而知，但从西太后的语气来看，又似乎感觉光绪帝与爆炸案有点关系。

至于何时才能解除幽禁，或者所谓幽禁是否真实存在？宫中之事讳莫如深，外界是很难了解详情的。

光绪帝近况

西太后今年已74岁高龄，虽然暮年老迈，却依然精神矍铄，仍旧是清国实际上的主政者。而光绪皇帝，虽然只有36岁，应该是年富力强的时候，可不幸的是与太后相反，他的健康状况十分不佳。宫中每月初一和十五都要看戏，据说光绪帝听到高声演唱就会心跳加速，神经衰弱已非常严重。最近，据说又得了肺病。

光绪帝身体素质原本不佳，天性敏感，脾气暴躁，又遭遇到那么多的变故——短暂的亲政后西太后重新垂帘听政，改革事业遭到重挫，官吏任免迁徙都由太后专断，自己则被幽禁瀛台或皇极殿侧房，从来没有顺心的时候，最终导致神经衰弱。不幸的是，他与皇后一直没有感情。前文已经说过，皇后册立于光绪十五年，光绪帝与她关系不佳，而独爱珍、瑾二妃。尤其是珍妃器宇轩昂，戊戌政变时还奔走于皇帝与有志者之间，实乃女中丈夫，因此备受宠爱。不幸的是义和团之变时，在两宫蒙尘之际扈从不及，投井殉难（还有一种说法是在混乱中被投入井身亡）。光绪帝从西安回銮后，对珍妃追念不已，爱慕难禁，发上谕追封为贵妃：

> 上年京师之变，仓猝之中，珍妃扈从不及，即于宫内殉难，洵属节烈可嘉，加恩著追赠贵妃位号，以示褒恤。

深爱的珍妃也先他而去，光绪帝整日郁郁寡欢，本来就不健壮的身体愈发虚弱，真是令人痛心。

珍妃

谁会成为皇太子

光绪帝身体虚弱，恐怕很难会有子嗣，有必要尽早册立太子。此前端郡王之子溥儁曾被立为皇储，前说过由于端郡王与义和团的原因，加上溥儁自身又很不争气，其皇储之位于光绪二十七年被废黜。其后直至今日，皇储人选一直没有确定。皇太子的候选人，若非第一个字是溥字、第二个字带“人”字偏旁的皇族，是没有资格入选的。目前的人选大概有光绪帝的亲弟弟醇亲王之子溥仪（3岁）、恭亲王溥伟（25岁）、溥伦贝子以及其弟弟溥侗等，但谁也无法确定其中哪位能成为太子。

清国皇室有一个与其他国家不同的奇妙规定：皇族之内，皇帝及其亲兄弟的子孙都以敕旨赐名，不在敕旨赐名之列的皇帝近支宗室，其名字的第一个字必须与皇子皇孙相同，第二个字的偏旁部首也与皇子皇孙一致。嘉庆帝以后十二代的辈分排行，即名字的第一个字，乾隆时经钦定为：永、绵、奕、载、溥、毓、恒、启、焘、闿、增、祺。仁宗（嘉庆帝）亲兄弟的名字第一个字是“永”字，第二个字偏旁都是“玉”字，如永琰、永璜、永琏；宣宗（道光帝）亲兄弟及从兄弟的名字，第一个字是“绵”字，第二个字的偏旁为“心”字，如绵寧、绵恺、绵忻；穆宗（同治帝）及光绪帝亲兄弟、从兄弟的名字，第一个字是“载”字，第二个字的偏旁是“水”字，如载淳（同治帝）、载湉（现在的光绪帝）、载沣（醇亲王）、载漪（端郡王）。

现在轮到了“溥”字辈，所以皇太子的第一个字应是“溥”字，第二个字的偏旁必须得是“人”字。这种名字的规则，虽然毫无意义和价

两岁的溥仪在醇王府

值，却可以简便地辨别皇族成员的身份亲疏。比如，皇族中的某个人名字的第一个字是“奕”字、第二个字的偏旁为“言”字，就可以确定此人是光绪帝的叔伯或堂叔伯；如果第二个字偏旁不是“言”字，与光绪帝的关系就比较远了，但仍然属于皇族中的叔伯行列。由此可知，恭亲王奕䜣是光绪帝的亲叔伯，庆亲王奕劻则是相对疏远的叔伯。

无论如何，还是希望看到清国能够尽早册立一位贤明的皇太子。

西太后与日本

前面介绍过西太后与俄国，可以看出她是一个秉持公正的人，对任何国家都不偏不倚，与韩国的闵妃忽而仰仗俄国、忽而又依赖美国或日本的作法完全不同，这也是西太后一个值得称道的优点。在日俄战争之前，所谓西太后命李莲英密会俄国公使，又命李鸿章与俄国勾结等等，其实都不是西太后的本意，而是李鸿章、李莲英禁不住俄国黄金策略的拉拢和收买，自己要与俄国接近的。

最近，西太后大力主张与日本亲善，庆亲王、张之洞、袁世凯等王公大臣也自然采取亲近日本的态度，这对日清两国来说是值得庆贺的事。最近日本政府向清国进献游船等作法，也足以说明两国间的友好关系。

颐和园是西太后的乐园，园中有个昆明湖，太后每年夏天都要到颐和园避暑静养，因此常在昆明湖泛舟游玩。可是，她的御船只是老式的小舟和两艘天津制造的老旧的小蒸汽船，于是日本政府特意向她进献了一艘快艇。它是由日本政府命令神户川崎造船厂制造的，在不久前建成并赠送给清国，在昆明湖上完成组装。五月二十七日，双方举行了游船进献仪式，由日本国阿部代理公使与醇亲王共同办理交接手续。西太后高兴之余，还为这艘船赐名“永和”，意思是希望日清两国长久和睦。

“永和号”长65尺，吨数为45吨。船内的装饰设计由大阪的山中吉郎兵卫负责，融日清两国艺术于一体，雕刻有花鸟、麒麟等图案，船舱内的桌椅等陈设均出自名匠之手，就连窗帘都极尽华美。日清两国关系犹如唇齿，相依相辅，东亚和平必须依靠两国协力才能获得。

西太后的亲日倾向，真是令人非常高兴的事。

"永和号"快艇现状

西太后的首驾马车

西太后以前没有乘过马车，去年五月在颐和园第一次乘坐了马车。这件事在最近的《德文新报》（Der Ostasiatische Iloyd）（五月二十二日发刊第二十二卷第二十一号）中有所记录，在此转载其中的一小部分：

> 西太后与光绪帝于去年五月十二日，在一如既往的盛大的仪仗队伍随行下，前往夏离宫万寿山。途中，顺路游玩此次新建的动物园，西太后兴致极高，在即将落成的园内徜徉（珍奇动物多由柏林所赠）。之后，从动物园前往万寿山途中，她平生第一次乘坐了马

慈禧在农事实验场（动物园）的行宫畅观楼

车。这辆马车是在上海特别制造的，专供清国皇室使用。它将驭手台做了特别设计，因为如果驭手台直接设在马后，西太后就坐在最后面了，那样实为大不敬。因此，特别将驭手台设在车体的左右两侧，两个驭手分别坐在左右两边驾驶，这样也可避免万一马鞭扬到太后头上的不敬之罪。真可谓特别设计的、世界上独一无二的马车啊！西太后乘坐后龙颜大悦。据说这辆马车在上海制造时，技术人员也是煞费苦心，曾经失败过两三次。

西太后与立宪政治

关于西太后与北京政界近况，这里很难进行详细记述，只能简单加以介绍。

袁世凯自戊戌政变以来，深得西太后信赖，成为北京政界红极一时的人物，后因皇太子册立问题为庆亲王献策，触怒了西太后而逐渐失宠；相反，张之洞却由多年的湖广总督被提升进入中央政府，深受太后宠遇。袁、张二人性格相异，很难融洽相处，近来两人又开始了暗斗。但对于这些政局之事还是暂且搁笔，下面仅对太后与立宪政治的关系做些记述。

在戊戌政变和义和团事件中，西太后一直被看做守旧党、顽固派的幕后指使人。实际上，西太后非常开明，善于把握时机，喜爱新知识，是位热心的宪政家。她不仅派遣载泽公、端方、李盛铎、尚其亨等到日本和欧美考察，而且颁布立宪大诏，进行中央及地方官制改革，开通言路，派达寿、于式枚、汪大燮赴日英德三国考察宪政，新设宪政编查馆（早稻田大学学生、满汉融合的鼓吹者、湖南人杨度，经袁、张推荐于去年三月二十日以四品京堂候补身份在该馆见习）、创设资政院和咨议局等，这些都是经西太后嘉纳采用的。

近来革命派比较跋扈，发布过激言论者不在少数，于是西太后于去年清历十一月二十日及十一日发布一条上谕，严令限制言论、禁止结社，下命制订新闻条例和政治结社条例，同时还整顿学生过激言行。见此情形，有人又开始攻击太后，说她退回了守旧老路。然而，就清国目

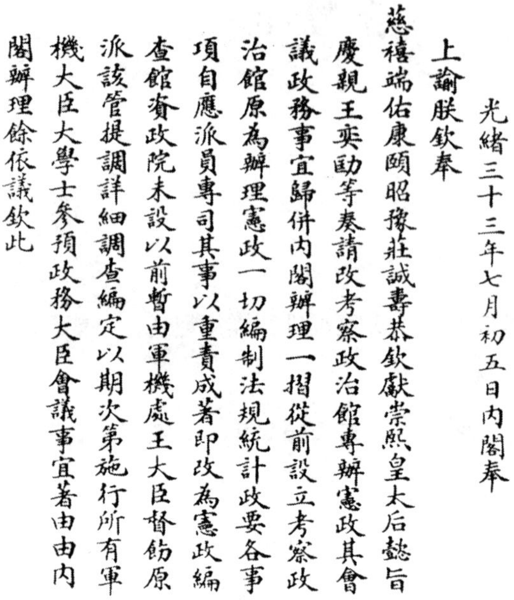
光緒三十三年七月初五日内閣奉
上諭朕欽奉
慈禧端佑康頤昭豫莊誠壽恭欽獻崇熙皇太后懿旨
慶親王奕劻等奏請改考察政治館專辦憲政其會
議政務事宜歸併内閣辦理一摺從前設立考察政
治館原為辦理憲政一切編制法規統計政要各事
項自應派員專司其事以重責成著即改為憲政編
查館資政院未設以前暫由軍機處王大臣督飭原
派該管提調詳細調查編定以期次第施行所有軍
機大臣大學士參預政務大臣會議事宜著由由内
閣辦理餘依議欽此

清廷关于设立宪政编查馆的上谕

前的形势来看，这些做法相对来说还是比较恰当的。考虑到日本在明治十四年前后，也曾因为过激政党迭起而制定了苛刻的取缔法，对西太后也就不应横加指责了。

西太后百年后的清国

这么说似乎有些不吉利，尽管身体依然康健，西太后毕竟已经74高龄，可谓余生无多。那么西太后百年之后的清国又将如何？这可是个值得注意的大问题。

西太后自1861年摄政，至今已经47年。这么多年来，她一直掌握着清国大权，积威积势，臣民顺服，诸王大臣也都能发挥作用。如果期望拖着病体的光绪帝独掌政权，那将很不现实。尽管太后专权对改革等事业造成了一定的阻碍，但也正是因为有西太后站在光绪帝背后进行监督和辅佐，清国的统治才得以持续。倘若这位强势的太后撒手而去，改由光绪帝独立治国，不仅那些老臣不会听命于皇帝，国民恐怕也很难顺服。其结果，清国被颠覆的可能性将大大增加，也可能惨遭被瓜分的命运。

对于世界而言，清国和清国人原本就是一个未知数，任何一个有学识的人物，都无法给出一个权威性的、确切答案。说不定有悲观者认为，再过五六年后，也就是西太后百年之后，清国定会发生大的变乱；或许也有乐观者认为，清国从此以后将蓬勃发展，成为世界强国。总之，各种猜想肯定众说纷纭。但从我们的观察来看，这两种说法都不正确，过度悲观和乐观的理解都过于肤浅。西太后百年之后，清国或许会发生事变，但与日本人的急性子相反，清国人神经麻痹，即使国家发生变故，他们照样会悠然事外，无动于衷，很难趁机发起什么大事。所以说，即使西太后百年之后，清国应该也不会急转直下，瞬间发生什么政

慈禧太后
（1903年）

局变化。而眼下的改革事业，虽然已取得显著的进步，但却不像日本明治维新那样大破大立，在新基础上建设新国家。清国的改革只能循序渐进，最多就是在旧有基础上的重建而已，因此改革的成功恐怕还要再等上十年或二十年。总而言之，无论是清国五六年后必将大乱，还是将成为强国的说法，都是不了解该国真相的凭空想象。

以上对于西太后过去47年的政治经历进行了大体介绍。接下来再看看西太后的日常生活，以及外国人的评论等有趣内容。

北京紫禁城

帝室内幕在任何国家都属于神秘所在，各种奇奇怪怪的事情很多。其中，清国帝室就被称为“神秘宫”，并有“伏魔殿”之谣传。在介绍西太后的日常生活之前，先借助参考书说说她听政的北京紫禁城和经常居住的颐和园。

北京是辽、金、元以来的旧都。辽太宗会同元年，升幽州为南京析津府，改建都城。宋徽宗宣和年间，改名燕山府。金贞元四年，废主完颜亮幸此地，称燕京，改为中都。元世祖至元四年，于旧城东北改建都城。明洪武初年，改称北平府。永乐年间迁都称顺天府，又称北京。清定都此地，沿袭明制，称为顺天府和北京。距海岸180公里，海拔37米。

北京分为内城和外城两部分，内城在北部，外城在南部。内城为正方形，围以高10米、宽13米的城墙，通过城门与外城相连。内城建于明永乐十九年，是满洲旗人的居住地，因此有鞑靼街之名，内阁以下的各官衙及各国公使馆等皆在内城，现在汉人也杂居于此。内城的中央是皇城，以砖瓦城墙围成的正方形，有4个门。其南隅为南华园，西安门以西为西苑，苑中有太液池；北面为景山，景山高150尺，极富胜景。皇城内为紫禁城，围有红色城墙，[1]这就是西太后和光绪帝的宫殿所在地。也就是说，紫禁城是在三重城垣的最里面。各城面积，北京城总体的周长约34公里，内城即鞑靼街约24公里，外城即汉街的周长约16公

1 紫禁城城墙当为灰色——编者。

从景山南望紫禁城

里，皇城约为10公里，紫禁城约4公里。

如前所述，紫禁城是清帝宫殿的所在地，呈方形，东西约700米，南北约900米，城墙高3丈，雉堞高4尺5寸，墙壁均涂为红色，以红瓦覆之。[1]四面有门，南门为午门（正门），其左右有左掖门和右掖门，东门为东华门，西门为西华门，北门为神武门。午门的结构颇为壮丽，宽各有九间，门阙有三，加上左右各一个掖门，成为五门阙，因此又称五凤楼。中间的门阙为天子出入所用，左阙为文武百官、右阙为王公宗室出入所用。进入门后，沿着大理石铺就的甬道前进，就到达了内金水桥，这是由大理石建造的五座桥，桥身雕有极其精巧的龙纹和海水纹。过了内金水桥是太和门，门前是个广场。再继续向前就

1 当为“黄瓦”——编者。

是太和殿，为皇帝接受文武百官朝贺的地方，其门前广场上，以大理石道为轴，左右立有刻着正一品及其以下各个品级的铜制品级山，文武百官以此为准各居其位，向皇帝进行朝贺。从正一品的位置到太和殿宝座大约有200张榻榻米的距离。太和殿位于台阶之上，高约11丈，宽11间，纵5间，为寺院风格的建筑。前后共有金门40个、金锁窗16个。宝座位于殿内正中央，周围摆放着18个鼎、1个铜龟、2个铜鹤以及日晷、嘉量等宝器。太和殿正中悬挂着乾隆皇帝御笔“建极绥猷”匾额。

出了太和殿就是中和殿，殿中挂有乾隆皇帝御笔“允执厥中”匾额。此殿是在皇帝亲祭时，阅视祝文和查验种子、农具的地方。中和殿后面是保和殿，保和殿内也悬挂着乾隆皇帝御笔的匾额——“皇建有极”，该殿是每年除夕夜赐宴外藩使节的地方。

中和殿后是乾清门，进入乾清门就到了乾清宫。宫内悬挂着顺治帝

太和殿宝座旧影

乾清宫宝座旧影

御笔的“正大光明”匾额，是赐宴亲王、接见大臣的地方。宫中陈设着精密的天球仪、蒙古语的《高宗实录》，还有一个长三尺、宽一尺八寸的大玛瑙。宫殿前面设有一对口径六尺、高四尺的金缸和一对高六尺的金狮子。据说这些都是纯金制造，价值很高。

乾清宫后面的交泰殿，是紫禁城内最美的宫殿，可以与日本东照宫相媲美。交泰殿内收藏着天子的25方印玺，分别以帛包裹，摆放在高约五尺的高台上。其中之一为“大清受命之宝”，玉制，方四寸四分，厚八分，交龙纽，纽高一寸七分。据说宝座的右面陈设着一丈多高的西洋钟，左面有古老的滴漏。

交泰殿后是坤宁宫，这是西太后的便殿，正殿内悬挂着几个她的御笔匾额。[1]正殿的右边是西太后的起居室，室内陈列着各种珍奇瑰宝，

1 坤宁宫并非慈禧的“便殿”。在清代，其东暖阁为皇帝大婚的洞房——编者。

养心殿宝座旧影

其中包括珊瑚、琥珀、红宝石、翡翠等制作的菊花、石榴等盆栽，以及德国制的花瓶，象牙作的玩偶等，令人眼花目眩！正殿的左边是西太后的寝宫，火炕式的寝床上铺有厚厚的白绢褥子，枕头长约3尺多，墙上挂着一幅署名为“奴才莲英敬书”的字，这是西太后最宠爱的嬖臣李莲英亲自书写的书法。坤宁宫的左右有东暖阁和西暖阁，据说冬天可以保暖。

坤宁宫后就是御花园，园内种植有各种名花异草，就连藤棚都涂以朱漆，其奢华无不令人震惊。御花园后有顺贞门。

出了御花园的琼苑西门，沿着西面一条长街前行，向右一拐就到了养心殿。养心殿是光绪帝与皇后的便殿，殿内正面墙壁上悬挂着乾隆帝御笔的“人君鉴”内容的大幅书法。前面是皇帝的宝座，宝座左右立有青玉香炉和孔雀团扇。正殿右边是皇帝的便殿，殿内有皇帝的寝床，铺有素绢的褥子。周围陈列着数十个金银座钟，还有洋式安乐椅、精巧的锦绣挂轴、欧洲制的花瓶、日本的九谷瓷等。此外还摆设着一个大天球仪，墙上还贴着一幅很大的上海益智书会出版发行的世界全图。从这个便殿出去，经过一个漆黑的走廊，进入一个稍暗的房间，这就是光绪帝的书房，里面悬挂着乾隆帝御笔的“三希堂”的匾额，墙上挂着两三幅光绪帝御笔的书法。重新回到正殿后，左边的一个宫殿就是皇后的便殿，寝床用品都是由绯绢金线织就而成，有两个长三尺有余的枕头，按例也有两个便器。皇后便殿内令人耳目一新的是，还有一架钢琴。光绪帝的寝床是在宁波制作的，雕有各种花纹，又以金银、象牙等加以装饰，康熙、乾隆两帝也曾使用过，颇具历史感。而光绪帝的御膳，无论何时都是独自一人用膳的，早膳在7时，午膳在下午2时，晚膳在6时左右。皇帝的寝宫，不经允许，任何人都不得进入。若有擅自进入者，将被处以六十大板的杖刑并流放一年；如果皇帝在场的时候擅自进入，将被当场绞杀。

至于皇帝的经筵之所，则包括有名的文华殿和传心殿等。而西面还有很多妃嫔居住的宫殿，在此就不一一赘述了。

颐和园

颐和园是西太后修养和游玩的地方，每年夏天至翌年三月，一年中至少三分之二的时间在这里度过，西洋人称之为夏宫。其庭园和喷泉之胜可谓北清第一，不仅是夏天，而且春夏秋冬四季皆富美景。进入园中，仿佛置身于仙境。

在北京西北约12公里的地方，有着两座缥缈如仙山的山峰，一座是万寿山，另一座则是玉泉山。玉泉山是金章宗行宫芙蓉殿的旧址所在，元、明以来一直是帝王游幸之地，到了清朝，康熙帝下令建成静明园，有了十六景的雏形。万寿山山麓有一股清泉涌出，流向山下，形成了有名的昆明湖。然而，万寿山和玉泉山都在1860年英法联军侵略北京时，与圆明园一起被烧毁。战乱后，西太后挪用部分军资大兴土木，重新修建万寿山的园林和城池，这就是今天的颐和园。

万寿山其实并不是一个太高的山岳，应该称作丘陵更为恰当。颐和园就在万寿山麓，毗邻昆明湖而建。丘陵的北面，殿阁堂塔参差相叠，南面与圆形的四层楼相连接，飞檐连栋，直至昆明湖畔。昆明湖又称“天下第一泉”，湖水宽广清澈，湖面漂浮着几艘小蒸汽船。日本进献的“永和号”快艇也漂浮在湖面上，供西太后泛舟游玩。关于颐和园的美景，内藤湖南氏曾在《燕山楚水》中记录了英国人的参观记，在此转载如下：

园内有一座山，以前上面有很多漂亮的殿堂，1860年被英法联

万寿山旧影

军烧毁。进大门后，要从火后烧坏残破的亭台之间穿过。这些在往昔曾是清帝游幸欢娱的场所。这样就到了冲洗着山南脚的美丽的昆明湖。湖北岸有一个方石铺设而成的高台，可以沿着雄伟的台阶拾级而上。台的左右和上方都是大寺院的残迹，只有山顶的一部分建筑幸免于难。所有的房顶都铺着彩釉的玻璃瓦。山的四面是很多更小的殿堂，其中以正北面为最多。最令人瞠目的，是山东北部的全用彩砖建成的佛塔，即所谓多宝玻璃塔。还有全用青铜铸成的小阁，坐落在山南部石台的西侧。所以，即便园内荒废残败，这里景色也不失如画般的美丽。在山上放眼瞭望的乐趣完全可以补偿登攀的辛苦。向远处望去，则北京全城，和高低不等的门、楼、堂、塔，都尽收眼底；面前湖光潋滟，湖中铺满了荷叶；西边的远方，西山蜿蜒起伏，挡住视线，群峰耸立，山谷夹着寺观；东边则有圆明园的绿树，郁郁葱葱地勾勒出它的轮廓。山的西边有塔桥，桥中央是一个亭子，有一个大石船与之相接。山对面的湖中有一个圆形的小岛，用一座十七孔的石桥和湖岸相连。从岛上眺望，最能领略万寿山、昆明湖的景色之妙。石桥附近的湖岸上有一头铜制母牛，制作很是工巧。[1]

至于建造颐和园花了多少经费，那就不得而知了。但是，从其规模之宏大和结构之壮丽来看，至少也要花费数千万元吧。曾有人这样评论："清国的衰退全在西太后的骄奢，西太后的骄奢则全在颐和园的营造。"颐和园的奢侈程度，由此可见一斑。

颐和园落成后，西太后与光绪帝一同行幸于此，庆亲王等王大臣也随行前往。也就是说，北京朝廷已经移至颐和园，朝政事务均在此决策。颐和园中有数十个殿堂，西太后住在其中的乐寿堂，光绪帝住在玉兰堂。西太后喜欢昆明湖，时常在湖上乘船游玩，然后请戏班唱戏，很是愉快。不过尽管如此，西太后精力旺盛，绝不会因此耽误朝政，每天依然严格地听政议政。

颐和园的寝宫只有一丈五尺，很是狭小。卧榻也与北清地区通用的一样，三面都是阁架，阁架上整齐地放着皇帝赏玩的玉制小古董和书籍等，还放了数十座钟表。寝宫旁边的休息室中，通常摆放很多花卉，苹果和佛手、柑橘也都栽在花盆里。寝宫的戒备甚是森严，宫内有一名宫女值守，休息室与寝宫的连接处有两名宦官把守，休息室门口还有四名宦官守卫。

颐和园的谒见室也颇为华美，有精致的古董椅子和沏茶用的桌子，还有3架钢琴。墙上挂着精美的挂轴，书有告诫为人君的箴言警句，据说也是某位皇帝的御笔。屋内中央有一个高台，皇帝的宝座就设在台

1 转引自内藤湖南著、吴卫峰译《燕山楚水》，第64页，中华书局，2007年——译者。

昆明湖旧影

上。宝座后面，立着一个折叠屏风。

西太后和光绪帝每年都在颐和园接见外国公使及夫人，迄今为止最后一次接见是在去年五月十四日和十五日。最近的《德文新报》（Der Ostasiatische Iloyd）第22卷第21号（五月二十二日发刊），记录有当时的情况。现译载如下：

西太后和光绪帝在颐和园接受外国公使及夫人的谒见，是在十四日和十五日进行的。谒见仪式一如既往，非常严肃。准许谒见的外国公使及夫人，前往时按照其各自喜好，随意乘坐马车、汽车均可，回程则统一按照西太后的指示，全体由小蒸汽船送至动物园附近的寺院。参加谒见的外国妇人有四十余人，天津的清国贵族女子

颐和园仁寿殿（谒见室）旧影

学校教师拜伦哈鲁吉夫人和海关雇用的外国人夫人等也在其中。[1]谒见仪式在谒见室进行，全程大约十几分钟。74岁高龄的西太后精神抖擞，面对外国公使及夫人，展示了完美的交际能力，不愧为东方第一流的女中豪杰！西太后的宝座在高高的平台上，光绪帝宝座位居其次。作为首席公使的荷兰公使希特斯，两日都代表外国公使及夫人，以法语致谒见感谢辞，荷兰公使馆书记官将其翻译成汉语奏上。光绪帝将汉语答辞交给外务部会办大臣、外务尚书那桐，由那桐朗读出来，再由外务部左侍郎联芳翻译成法语。初次谒见西太后的外交官及夫人，仍然是通过首席公使和联芳表达问候。西太后与外国使节们一一握手，并在另外一个房间为他们准备了中西合璧的食物。十四日赐宴公使时，命清国的诸王大臣陪同；十五日赐宴公使夫人时，命皇后及贵妃等分坐于夫人中间，通过翻译相互交

1 拜伦哈鲁吉，音译——译者。

流。两天的赐宴结束后，西太后还准许他们在颐和园内游玩，并特许他们乘坐御用快船在昆明湖上泛舟。各国公使及夫人都对西太后的交际手法赞叹不已。

西太后擅长拉拢人心，巧于交际辞令，由此可见一斑。

朝之西太后

前面已概括性介绍了西太后的政治活动，接下来就其日常生活、嗜好等稍作描述。西太后虽然身为女性，却是个精力旺盛的人。如今虽已74岁高龄，却仍然掌控着清国的政权，凡事都亲自裁决。

西太后喜欢早起，即便夜里睡得再晚，也一定会在早上6时许起床，无论春夏秋冬都没有丝毫改变。起床之后，她要喝一杯热牛奶和莲藕粥，餐后传召贴身侍女服侍更衣，因为上午有接见等例行的公事，所以首先要着盛装，这样的穿着是很费工夫的。西太后是个百忙之身，所

慈禧寝宫颐和园乐寿堂旧影

以充分利用更衣的时间，接受皇后、妃嫔及皇族贵妇等请安。穿戴完毕后，在前来请安的光绪帝的引领下，在宝座上就座，接受诸王大臣的朝拜。这时，随侍的侍女们在旁边的休息室静候。朝拜结束后再到大谒见室，听取各项政务。朝拜和听政每天都从早上7时持续到上午11时左右，其间西太后始终端坐在宝座之上，没有丝毫倦容。

昼之西太后

上午11时左右，西太后在办完政务后回到宝座间，换成便服到园里散步。西太后非常喜欢花卉和水果，热爱自然。午餐时间不固定，大抵在上午11时到下午1时之间。午餐前大多散步或下棋，或者玩双六游戏。所谓双六游戏，就是在一个大台子上铺上白绢，绢上画有蓬莱山之类的图像，棋子都是象牙所制。午餐过后稍事休息，午睡一会，下午接着在园内散步或在室内做游戏。晚上6时到8时之间用晚餐。

颐和园长廊旧影，慈禧太后经常在此散步

夜之西太后

晚上西太后会读一会儿书，但不熬夜，适当的时候就会上床就寝。寝宫内情景在颐和园那个章节已经提过，其戒备甚是森严，寝宫内有一个侍女值守，休息室与寝宫连接处和休息室的门口分别有数名宦官把守。西太后在27岁芳龄就成为了寡妇，于是在她与这些宦官之间就流传着各种风闻，但其虚实都不确定。

西太后非常喜欢双六游戏，时常在公务闲暇之余，与侍女们一起欢笑玩耍。有时候也会赌以金钱，当然赢的时候从不会要钱的，但输的时候却马上掏钱。光绪帝玩西洋纸牌是很有名的，西太后的双六游戏也是如此，但玩得好不好就不得而知了。

西太后的御膳

西太后是世上少有的伊壁鸠鲁主义者。伊壁鸠鲁是公元前4世纪左右希腊雅典的著名哲学家，其主张是在不安与苦痛之外，超然的精神才是至上的幸福，属于一种乐天主义。可是，他的后继者们却将此误解为贪图物质快乐。今天的伊壁鸠鲁主义指的就是享乐主义，所以外国人称西太后为伊壁鸠鲁主义者，也是指责她崇尚享乐主义。恰当与否暂且不论，但总体来说她极其奢华，较之于精神快乐，更喜好物质享受。

西太后可是个大美食家，说起她的御膳，真是非常奢侈。一顿饭要有三四十道佳肴，器皿都是银器或漂亮的彩色瓷器，食物也是荤素兼备，有鱼翅、燕窝、鹿腱、酱汁鱼脑、各种鸡肉等等，数不胜数。她尤其喜欢吃蜜饯、奶油及肉汁之类，很少喝酒，有时略微饮用一点，则是将中国酒用银壶烫好，再倒入小酒杯里。用膳完毕，随侍的宫人会送来热手巾和漱口水，她总是先用牙签剔牙，然后再洗手。太后还喜欢吸烟，膳后要吸水烟，有时也吸纸烟卷。吸纸烟时，并不直接将烟卷叼在口中，而是接上一个长长的烟嘴。她喜欢喝茶，经常在膳后闲暇时饮用，她的茶当然是全国最好的新茶，品种有茉莉花等花茶。

用膳时间并不规律，早膳一般在上午6时左右，午膳在上午11时至下午1时之间，晚膳则在下午6时至8时之间。看似一日三餐，实际上却与西式两餐差不多，因为早膳只喝一杯牛奶和一碗莲藕粥。午膳和晚膳才是正餐，但菜品和数量都相差无几。零食、点心方面，则喜欢胡桃之类的干果。

陪同西太后用膳的，有皇后及各皇族贵妇，女官们也要列席。如果光绪帝与太后一起用膳，则皇帝坐在餐桌的上座，太后坐在皇帝的左边。西太后严格遵守传统习惯，从宫中礼仪到细微小事都很讲究。用膳时总是显得非常轻松，不让陪同者感到任何拘束，并始终与他们愉快地交谈。即便如此，她还是担心自己在场别人会感到拘谨，所以时常故意找理由躲到别的房间，等大家吃得差不多时再回到餐桌。考虑如此周到，让人很是感慨。

膳后，西太后换好衣服，便在宫女陪伴下到园中散步。西太后尤其喜爱花卉和水果，园里绽放的花卉必须请她首先欣赏，刚成熟的水果也照例请她第一个品尝，如果没有得到特许，别人是不准触摸这些花卉、水果的。

晚清宫中餐具锡制一品锅

西太后的嗜好

西太后兴趣广泛，尤其喜爱动植物。在紫禁城和颐和园内，都命人饲养、栽培了许多动植物。最近，又在距颐和园不远的地方设置了动物园，汇集了很多欧美各国进献的珍禽奇兽。不过，在动物当中她最讨厌猫，无论什么良种的猫，她只要一看到就会脸色骤变。她很喜欢狗，养了很多北京哈巴狗和斯凯狗，有时还给它们洗澡，并特意建造了犬舍。犬舍地面铺着大理石，用的是丝绢被子。这些狗自然都是上等品种，毛色相当好看。西太后也喜欢鸟，对鸟类似乎有种特殊的魔力，她只要吹一声口哨，已经飞走的鸟就会立刻飞回。宦官们都感叹说："就连树上的鸟都服从陛下啊！"对于虫类也是如此，即便很难捉到的虫子似乎也乖乖地听她摆布。

西太后喜欢花卉简直到了痴迷的地步，从寝宫到大谒见室，全都用插花、盆花装饰。她今年虽已74岁高龄，鬓间却一年四季都插着散发天然香气的花朵。这当然是中国的习惯，但外国人看了还是会觉得有些奇怪。她喜欢香水，还亲自将各种花油进行混合，制成芬芳的香水，除自己使用外，也赏赐随侍的宫女。

对于戏剧和音乐，西太后更是兴致极高。宫中惯例，每月初一、十五两天都有京剧演出，西太后、光绪帝及贵妃等人都一起观看。演出时，两宫的午、晚两餐也在看台上享用。演出开始，身穿华丽戏装的演员总是先祈求帝室幸福、万寿无疆，然后才进入正戏，剧目以《三国》、《水浒》居多。太后看戏绝无厌烦，相对于近代内容而言，更

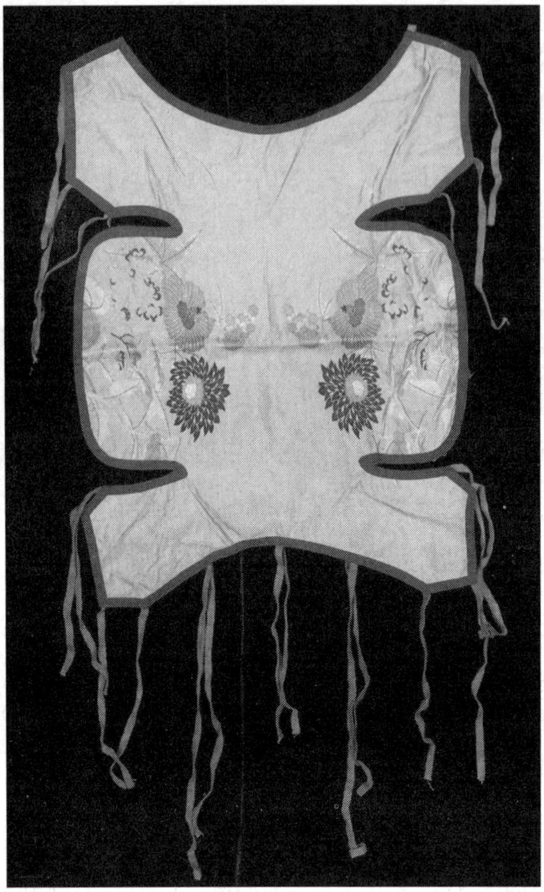

清宫狗衣

喜欢古代剧目。若有新戏上演，她会亲阅剧情梗概，对觉得不好的地方进行修改。短小的滑稽剧尤其让她笑逐颜开，每次看到逗人的表演，平时的严肃便会一扫而光。

西太后天生拥有一副好嗓子，至今依然声音利落，吐字清晰，听起来十分爽朗，完全不像一位74岁的老人。由于她本人嗓音很好，所以她似乎更喜欢讲话好听的人。虽然贤明的太后不会以声音决定重用某人与否，但听政时若碰上讲话粗声粗气的人，多少也会露出一些不耐烦的表情。

西太后的文艺

咸丰帝的东太后是个非常喜好文学的人，精通经书和史书，还写得一手好文章，世人都称其为“文后”。西太后不仅在政治上更胜一筹，才学也不逊色，她曾涉猎经史，通读相关的古典论著，偏爱诗词且造诣颇深。据说其诗作具有绝妙的境界，遗憾的是我们至今还没有拜读过她的御制诗。

西太后能书会画，但很少将自己的御笔书画赐给大臣，有幸得此赏赐者被视为莫大的荣耀。去年五月，南满洲铁道会社总裁后藤男爵访问北京时，曾到颐和园谒见西太后和光绪帝，并进奉了许多珍品；作为其还礼，西太后将自己的御笔绘画赏赐于他。西太后最擅长的是花鸟画，一草一木、一禽一羽绝不胡乱下笔，其精妙程度令专业画家都很赞叹。书法则基本为一字一纸，文字有时可达四尺大小，笔力遒劲，不似出自妇人之手。如今她已74岁高龄，视力逐渐变弱，不怎么从事精细的绘画了，但如果赶上好心情，还是会拿起笔来又写又画。她不像东太后那么沉醉于读书，而是利用休息的时间让侍从读给她听，或者自己拿着喜欢的书在宫中庭园或太液池的游船上看。心情好的时候，晚上也会在寝宫里看书。

西太后的精力远超常人，所以古稀之年依然手握清国大权。她的记忆力，更是让人吃惊不已。中国人的记忆力本来就比较好，所谓学者、儒者都是博览强记，可以背诵经史百家典籍的。西太后更是巾帼不让须眉，过目和入耳的事情绝不会忘记，大凡召见过的人，其姓名无须再问

慈禧太后御笔“虎”字

第二次。对于自己喜欢的典籍或诗文，可以在半小时内背诵下来。同治帝的一位贵妃记忆力也很好，因此深得太后宠爱。此人每周拜见太后一次，西太后都龙颜大悦，与她一起诵吟诗文，婆媳间可谓其乐融融。

西太后虽然年事已高，但身体却很健康，到现在仍不需要眼镜。其精力之旺盛，也大有超越壮年的感觉。

接下来再看看几个外国人对她的评论。

美国女画师与西太后

1904年，美国的圣路易斯城举办万国博览会，清国政府也应邀参加并展出了各种珍品，其中大放异彩的就是西太后的油画。这幅油画系由美国女画师凯瑟琳·卡尔所画。卡尔在次年十月发行的《CENTURY》杂志中，发表了一篇名为《西太后谒见记》的文章，从外国人的角度观察西太后。现翻译其中二三节如下：

1903年8月5日，是我第一次觐见慈禧太后的日子。那天，我在美国公使馆早早起身，因为从北京城内到颐和园需要3个小时的路程，守时是东西方君主同样重视的礼节。我们的觐见时间定在十点半，而开始为太后画像的时间是11点，对此一点儿也不能迟延。这个月份、日期乃至时刻，都是在反复查询历书后才确定的，被认为是为慈禧太后首次画像最吉利的时刻。

早晨7点，我们便坐上美国公使馆卫队的轻便马车出发了，同行的还有康格夫人和使馆的翻译，车上还装有我随身携带的折叠画架、大幅画布等画具。出了北京城，马车在通往颐和园的大路上轻快前行，道路两旁是肥沃的田野，风光明媚。而且适值夜雨初晴，一切都显得那样清新。润湿的石板路向远方延伸，犹如一条闪光的小溪。田畴片片，芳草茵茵，时有寺院的围墙在葱茏中隐现。举目远望，青山与蓝天辉映，幽静柔和，宛如一幅怡人的画卷。

大约一个半小时后，马车穿过一个热闹的村庄，经过一座废弃

穿中式服装的美国女画师卡尔

的寺庙，又绕过几处王公避暑的园林，便进入了颐和园地界。刹那间，我们便融入了美丽的湖光山色之中。群山中点缀着茶肆凉亭，苍翠的松柏和灿若云霞的百花被夜雨洗涤一新，清澈的泉水淙淙流过汉白玉石阶。红墙黄瓦交映，琼楼玉宇巍峨，山寺回廊，蜿蜒曲折。这就是自然与人工相互融合的中国宫殿，在我眼里简直就是一座城！

外务部在颐和园大门的左面设有办事处，我们在那里下了车，外务部的几位官员带着翻译前来迎接。在接待室小憩片刻后，一名主管太监又引领我们换上红色官轿。每乘轿子由6人合抬，从御门左边的侧门进园，片刻便来到了天子神圣的宫区，走进了慈禧太后所喜爱的颐和园。一切还来不及细看，我们便被抬着飞快地穿过几个院落和花园，最后到了一处很大的四方形的院子中间。院内摆满了栽种着奇花异草的花盆，并生长着许多好看的灌木。轿夫落轿后，我们被太监们簇拥着穿过庭院，迈进一座镶着大块玻璃、书有大幅红色“寿”字的门。随后，我们便踏进了中国皇太后的御殿！

一群公主、格格和宫女站在那迎候，其中包括裕庚夫人和她的两个女儿（裕庚是前任中国驻法公使）。这两个女孩子中英文俱佳，此时就站在公主身边，为我们之间的交流充当翻译。我曾与她们在巴黎相识，如今故友相逢，自然十分欢喜。她们似乎就是我的依靠，将在我与这个天方夜谭般的宫殿之间，架起一座沟通的桥梁。我们到达御殿时是10点15分，很快太后就要到了。

我几乎没有察觉到太后的到来，引起我注意的只是大殿突然安静下来了。我不由抬起头来四处张望，看到一位充满魅力的女人，脸上带着灿烂的笑容，热情地同康格夫人打招呼。这时裕庚的一个女儿附在我的耳边，悄声说道：“太后。”但即便如此，我仍然无法相信，这位看上去非常和善、年轻，而又带着迷人笑容的女人，竟会是那个自1900年以来一直被人称作残忍的、不可一世的暴君，那个十分可怕的“老”太后！一位看上去带有几分稚气的年轻男子，也与太后一同走进了大殿。他就是天子，当今的中国皇帝！

与康格夫人互致问候后，太后便把目光转向了我。我赶忙趋步向前，她也略微挪动了一下身躯，并面带微笑地伸出手来。我一下子被这迷人的微笑所征服了，情不自禁地拉起她那秀美的手，放到唇边轻吻了一下，而这一礼节并非事先规定，完全是情之所至。接着，太后又以优雅的姿势伸出手臂，向我介绍身边的光绪皇帝。我向皇帝致礼时，太后一直在细细地打量着我。皇帝带着礼节性的微

被西方杂志妖魔化的慈禧

笑，向我略微躬身致意。同样，在皇帝向我投来飞快的一瞥时，感到他也在仔细地观察着我。稍事寒暄后，裕庚的女儿传太后懿旨，请我把画具拿进来，太后则去更衣，为画像做准备。

太后离开后，我开始环视四周，想找一处适合画像的地方。这座大殿本身十分宽敞，但是光线欠佳，因为窗子的上半部都用纸糊着，只有靠近玻璃门的一小块地方还算不错。但对于画大幅肖像而言，这块地方却显得过于狭小。要使光线既能照到宝座上的太后，同时又能照到画布，就不得不把画架放得离太后很近，这对于画大幅肖像来说是十分不利的。想到自己必须在这里画，并且马上就要开始动笔，我的心不由得收紧了。太后希望画的肖像尺寸很大，而且曾有人向我透露，她并不理解画前要先在小块画布上画小样，以及其他的准备工作，如果不能直接在大画布上开始画像，她或许很难坐在那里让我画了。事实上，那天上午我已从外务部得知，太后只能给我两次机会，所以我没有选择，一切都不能按照常规进行，必须在短时间内决定怎样开始工作。

我正在犹豫，太后回来了。她身穿明黄色丝绸长袍，上面绣着明快的紫藤图案，密密麻麻地缀着珍珠。内里衬着一件质地柔软的内袍，颜色、长度与外袍相同。外袍右肩的纽扣上挂着18颗大珍珠，珠子之间以半透明的绿色玉片相隔。在同一颗纽扣上，还挂着一大颗刻有图案的淡红色宝石，下面的黄丝穗儿由两颗硕大的梨形

慈禧太后油画像（卡尔绘，现藏故宫博物院）

珍珠结住。肩臂处分别挂着淡蓝色的绣花丝绸手绢，及带有黑丝穗儿的香囊。颈上围着大约两英寸宽的淡蓝色领围，上面用金线绣着寿字纹样并缀着数颗大珍珠。领围的一头儿折入肩部衣襟，另一头儿则自然下垂。黑漆漆的头发从中间分开，至鬓角处整齐地梳起，然后高高地盘在头顶。手上戴着镯子和戒指，两只手的无名指和小指上都着护指，左手上的护指是碧玉的，右手上则是黄金的，上面都嵌着红宝石和珍珠。因为她的指甲很长，戴护指当然是最好的保护方式。

这时的太后兴致很高，她命太监按照我确定的位置，将双龙宝座安置妥当，然后便在上面落了座。虽然太后身高不足五英尺，但她所穿的满族花盆鞋，鞋底厚度却足有六英寸。为了使她坐下时膝盖不会高于臀部，就要在宝座上加一个垫子，这样就显得高大多了。太后先在宝座上摆了个习惯性的姿势，然后对我说，如果不妥可以直言相告。而这时的我，主要在考虑人物、背景如何搭配，怎样尽量突出特点，还来不及琢磨“绘画对象”的姿势。

这时，时间已经接近11点！

画像的第一笔相当重要。任何一位画家都有这样的体会，就是站在空白画布前，会因一时不知如何动笔而踌躇再三。因为那块画布可能会变成一幅杰作，充分展示画家的想法和才华，也可能就此失败而使自己的心血付之东流。而今，我置身在这陌生的环境中，这种犹豫更是远远超过以往。画像能否顺利完成，关键在此一笔。

我的手在颤抖，太后的眼光是难以琢磨的，那种似乎能够看穿一切的犀利，让我感到阵阵惶恐。就在这时，殿内陈设的85座钟表以不同的声音开始报时了。吉时已到！我别无选择地拿起手中的碳棒，在面前的画布上，为伟大而权倾朝野的中国皇太后的第一幅画像，落下了庄重的第一笔。公主、宫女、职位较高的太监等侍从，都屏住呼吸静立在周围，十分专注地看着我的一举一动。在宫中凡是与太后有关的事情，都是神圣而隆重的。

在开始的一段时间里，即使是殿内85座钟表发出的最微弱的滴答声，在我耳中就像大教堂里叮当作响的钟声；而我手中在画布上移动的炭笔，也像是一把有力的锯子在来来回回地拉动着。幸运的是，我的精力渐渐集中起来，除了面前的画布和宝座上的描绘对象，已经感觉不到别的事情存在。仿佛刚过不久，太后便通过翻译转告说：“今天画像的时间已经够了，明天再接着画吧。”随后又补充道：卡尔女士一大早赶来，可能很累了，应该休息一下，用些茶点了。说完便走下宝座，过来观看我的画稿。

送往圣路易斯博览会的慈禧画像（卡尔绘，现藏美国华盛顿国家博物馆）

我已大致勾勒出太后的轮廓和头部的一些细节。她那鲜明的个性使我印象深刻，所以画稿上的形象已与本人有几分相像了。太后仔细看了一会儿，表示非常高兴，并称赞我是个天才的画家。可是，我却本能地感到，太后这些话主要是出于礼貌，而非她的真实感受。她只是希望我能够放松一些。接着，她让康格夫人和公主、格格们过来观看，并与她们一起评论。然后转身过来对我说，她对画像很有兴趣，很想看着我把它画完。随后，太后认真地看着我的眼睛，接着问我是否愿意在宫里多住些日子，因为那样她有空的时候就可以坐下来，让我多画几次。

这样的邀请让我满心欢喜。通过第一次觐见，我头脑中有关太后仇视外国人的传闻，就已基本化为乌有。太后并非故作姿态，她的邀请和善而富有人情，于是我毫不犹豫地答应下来。想到自己很可能会在宫里完成这幅肖像了，我充满希冀的心怦怦地跳着。太后见我接受了她的意见，似乎也显得十分高兴，说一定会让我在宫里过得很愉快。随后她便离开了，我们则被领去进用午餐。按照宫中惯例，太后总是单独用餐，来了客人则由大公主作为第一女主人代为招待，宾客依次在其左右落座。今天同我一起就餐的，还有众格格、裕庚夫人和女儿，以及康格夫人。

餐桌上摆满了各种鲜花、水果和中国菜肴，并备有外国人的餐用水和一些中国饮料。以前曾有人教过我如何品尝中国菜，但还没有见过这样色、香、味俱佳的菜肴。我们充分享用着每一种食物，虽然每位宾客面前都放有刀叉，但我们还是尝试着用筷子夹菜。

餐后，太后、皇帝和年轻的皇后就走了进来。太后先向我介绍了皇后，其优雅的姿势与上午在大殿里介绍皇帝时完全一样。跟在皇后身后的是皇妃，她也是光绪皇帝唯一的一位妃子——瑾妃，太后也向我做了介绍。然后太后对康格夫人说，她准备邀请大家去戏楼看戏，并已传令宫内的戏班在那里待命。

太后和康格夫人走在前面，我与皇后、公主、格格们跟随其后，穿过了几个开满鲜花的庭院，最后到了宫内最大的戏台。戏台建在长方形院落的一侧，向院中伸展，是一座带顶的三面开敞式建筑，后面有门供演员上下台之用。戏台对面为太后和皇帝的观戏楼，长约60至80英尺。观戏楼的落地窗嵌有很大的平板玻璃，太后、皇帝在里面可以清晰地观看戏台上的表演，也能清楚地听到演员的唱腔。戏台与观戏楼之间的庭院，摆放着各种鲜花，陈放有精美青铜器。院子两侧各有一座廊式建筑，廊内被分隔成一个个小间，大小与一般剧院的包厢相似，但却不设坐椅，看戏者只能坐在土耳其式的坐垫上。这些小房间专供进宫看戏的高级官员和亲王使用，在太后面前他们是不能落座的。

颐和园德和园戏楼

这天太后没有邀请其他宾客，而是特意将演员们传到戏楼，为我们进行专场表演。御用观戏楼外廊有数根红色的柱子，太后坐在铺着明黄色垫子的宝座上。在中国以左为尊，所以皇帝坐在太后左侧的凳子上，凳子上同样铺着明黄色的坐垫。我和康格夫人则坐在太后的右侧。对于我们来说，看中国戏与观看哑剧其实并没有多大差别，所不同的是感到比较新鲜有趣。看了两三出后，康格夫人起身向太后、皇上和后妃告辞，我也随着走到外面的院子里，在那里与她道别。

康格夫人离开后，宫里就只有我一个外国人了。这是从马可·波罗那个时代以来，首次有外国人住进中国皇宫。置身在这个完全陌生的环境，我的心中除了新奇之外，还有一种难以言表的孤独。我担心这会影响画像的成败，站在院中踌躇再三。不过，裕庚的女儿很快来传太后的话，说她已经回宫休息，我也不必再回戏楼了。而且太后已为我安排好住处，希望我回去休息一下，如果缺少什么尽管告诉她。还说希望我在宫里生活愉快，要像在自己的家里一样，不必有任何拘谨。

颐和园里的建筑，像其他中国宫殿、寺庙和富人的住宅一样，都是建在石基之上，四面绕以围廊。石基高约8英尺，一般只有一层。院子呈矩形，房屋建在四周，通过开放式的前廊，使院中的房间得以相连。安排我使用的房屋位于太后御殿的左面，两座建筑距离很近，往来画像十分便利……[1]

外国人对西太后的评价普遍存在误解，说她是个排外思想严重、执迷顽固的老太太，但事实上绝非如此。太后虽然年事已高，却乐于接受

1 此译文引自凯瑟琳·卡尔著、王和平译：《美国女画师的清宫回忆》，第9~16页，紫禁城出版社，2009年——译者。

颐和园庆善堂，殿内西暖阁是慈禧为卡尔安排的画室

新知识，是位很不多见的进步、贤明女性。这不禁让人想起英国的伊丽莎白和维多利亚两位女王。如果西太后身边能有贤明的宰相和大臣辅佐，她一定会成为史上罕见的女主，可惜情况恰恰相反，所以才会出现1900年的事变。

铠袖亲王与西太后

铠袖亲王即德国皇帝的弟弟亨利亲王。1897年11月1日，两名德国传教士在山东省兖州府被清国暴徒杀害，德皇因此大怒，任命其皇弟亨利亲王为远东巡洋舰队司令，赴北京索取相应的赔偿。亨利亲王受命临行之前，德皇为壮士气，还特意在基尔军港为他举办盛大的饯行晚宴。当时，德皇给亨利亲王的告别敕语中有云：

“呜呼皇弟！苟有轻侮我权利者，汝应挥铁甲拳惩之。”

于是，亨利亲王就因这个挥铁甲拳的敕语，得了一个绰号——铠袖亲王。亲王来到北京后觐见了西太后，当时的记事多少涉及对西太后的评价，在此仅摘译永持德一所著《中国与中国人》的部分内容：

山东省发生的德国教士遇害事件，给了德国皇帝一个很好的占领胶州湾的口实。当时德国驻清国舰队共有“恺撒”号、“羚羊”号、“威廉”号、“哥尔莫兰”号4艘船舰，但德国皇帝对此并不满足，命令皇弟亨利亲王率领第二巡洋舰队出征清国。亨利亲王率领的第二巡洋舰队，由“德意志”号装甲巡洋舰（7320吨，旗舰）、“格菲翁”号二等巡洋舰（4200吨）和“奥古斯特皇后号”一等巡洋舰（6056吨）组成，于1897年12月10日从基尔军港出发，翌年2月到达清国。当时的北京政府因畏惧德国势力，于是与德国公使海靖签订租借胶州湾条约，纠纷得以和平解决。亨利亲王一副闲来无事的姿态，为了继续示威，在这之后两年时间里继

洋人觐见慈禧（西方人绘）

续担任清国舰队司令官，直至1900年春才回到德国。

亨利亲王觐见西太后是在1898年（光绪二十四年）5月15日。当时，两宫居住在颐和园，亨利亲王在海靖公使、翻译官、副官等人陪同下前往万寿山，西太后在大谒见室接见了他们。他们一行首先通过翻译进行一番仪式性的应答，接下来就转到了各种话题，西太后的足智多识和对辞令交际的运筹帷幄，让亨利亲王都着实惊讶。他退出以后，谈起谒见的感受时这样说道：

“尽管我事先已经想到西太后是个非同一般的女性，但等到真正接见后才发现，她简直就是非凡的女杰。她那温和的面容隐藏着机敏和智慧，与人交往时带着一种不容侵犯的尊严。她对世界知

仁寿殿内

识的了解及其超强的记忆力令人震惊，而且总有一种掌控全局的气势，完全是位不可轻视的女性。世界上的所有帝王在会见外国使节时，几乎都是事先与大臣们一起准备好谈话内容，届时只需照本宣科，但西太后与我们会面时，除了套用必要的外交辞令，其他大部分谈话内容应该不是事先准备，而完全是自己的临场发挥，并且颇得要领，十分令人佩服。倘若她是位男性皇帝，恐怕将成为不亚于康熙、乾隆的贤明天子！”云云。

可见，铠袖亲王也对她的睿智感到惊讶。觐见结束时，西太后赠与亲王宝石勋章和很多贵重礼品，并特别恩赏他一幅自己的御笔画，令亲王格外感动。

《德文新报》评论西太后

上海《德文新报》（Der Ostasiatische Iloyd）于去年十一月十五日发行的第21卷第46号，刊登了一篇题为《中国西太后》的长篇文章，详细介绍了西太后的人物性情，其概要前面已作了摘录，现将其结论翻译如下：

> 清国的西太后是位非同寻常的女中豪杰，这是无可非议的事实。她以纤弱的身躯背负着清国46年的命运，这无论如何都是常人所不能及的。无论是太平扰乱（“长发贼”乱）还是“拳匪”事变，在那些艰难时期，皇太后均置身于全国的核心地位，承担着国家的重担。即便是最爱的独子同治帝在21岁时英年早逝，她也没有时间去忧愁悲伤，而是不得不与东太后一起负起清国的执政责任。可是，东太后几乎不具备什么理政才能，一味沉迷于文学，而光绪帝当时仅仅3岁，还是个幼年的孩子，西太后被迫以一己之力治理清国的四百余州。在“长发贼”之乱中，功成名就的文武元老很多，想要驾驭他们、令其服从自己的命令并不容易。而西太后却巧妙运用拉拢人心之术，将这些元老级的英雄豪杰操控于股掌之间，仿佛古代王良、造父般驾轻就熟，其驾驭人的本领实在让人惊叹。一世豪杰李鸿章，面对太后也是战战兢兢、唯命是从；袁世凯在太后生气时，更是手足无措、胆战心惊。
>
> 1898年，光绪帝决意进行政治改革，由于太后阻挠未能实现，

外国杂志封面上的慈禧太后

最后不了了之。于是，有些人就觉得非常遗憾，认为光绪帝是位进步的贤君，西太后则被指责为保守主义的化身，但事实并非如此。正是由于这种所谓新旧的激烈冲突，才使清国陷入大乱。幸亏英明的西太后因应形势，防患于未然，及时而果断地阻止这场改革，才使清国幸免于难。

1900年，在义和团事变中，西太后一度被外国极度憎恶，认为她是顽固党的后台和排斥外国人的罪魁祸首，后来才知道事情都是端郡王等人所为，与太后毫无关联，于是才转而希望西太后身体健康，继续维护清国的和平与秩序。事实上，西太后才是清国的核心，假设她哪怕只有一天不在其位，清国的命运也难以预料。光绪帝虽然正值三十几岁的壮年，可是却身体虚弱，很难成为清国的统治者。西太后百年之后的清国，才真正让人忧心！

关于西太后的性情，上面作了详细介绍。她不仅具备政治家的资质，而且是权力的化身，绝不会轻易放弃政权，去过那种享受风花雪月的日子。或许此生此世，她都不会离开政治舞台。西太后是个精力旺盛的人，虽然品行上也有缺点，诸如性情骄奢、浪费国资等，但都瑕不掩瑜，不足以淹没其诸多卓越的品质，特别是她的为君之德与治国之才。

以上评论，尽管有一些不能认同之处，但总体来看还是客观、公正的。

西太后与后藤新平男爵

写到这里，希望引用前南满洲铁道株式会社总裁后藤新平男爵觐见时的记录，并以此作为本书尾声。后藤男爵觐见清国两宫，时间是在去年的五月二十七日。后藤男爵的谒见记，堪称极其珍贵的资料，读之西太后的音容笑貌仿佛浮现在眼前，给人以很大的想象空间。

> 五月二十七日上午，我从旅馆出发，与林公使一同乘上马车，向颐和园万寿山驶去。在前面骑马的4个人的带领下，我们来到了东宫门外外务部公所，与那桐、瞿鸿禨、邹嘉来等大臣会面后，于9点钟前往仁寿殿。中间经过很多道门，每个户门前都有卫兵把守。穿过文武百官左右列站的庭院后进入院中，只见百官和近卫兵集聚于此，有如繁星。穿过庭院，走下台阶，就到了御前。坐在我正对面的就是皇太后，其左面坐得低一个台阶的就是皇帝。我站在皇太后对面，距离大概只有五六尺远。公侯示意我站在左边，高尾翻译官站在我后面偏左，连左侍郎站在皇太后和我之间，向我传达皇太后说的话。诸亲王皇族们列席左右，先是林公使起身上奏如下：
>
> “大日本帝国特命全权公使林权助谨奏：兹南满洲铁道会社总裁男爵后藤新平来京，本日特赐谒见，本使等光荣之至，恭祝皇太后、皇帝两陛下福祚绵长，圣体康泰。”
>
> 林公使奏毕，我登上中央台阶，向两陛下行礼。之后，皇太后与我进行了对话，我一一作了回答。对话内容如下：

颐和园的外国访客

西太后："听闻卿于日本是名誉很高的人，此次入京得以觐见，甚是高兴。"

后藤："惶恐之至。"

"卿此次是初次来京吗？"

"前年曾来过，此次是第二次。"

"身体还好吗？"

"承蒙关照，一切都好。"

“朕希望卿能一直留在京城，此次预计在京停留几日？”

“我将于三日后辞行，回一趟本国后，即将赴任大连。大连距京城并不遥远，且陛下的大臣也经常往返于两地之间，我将随时向大臣们请教，祈望能够促进两国的幸福。南满洲铁道不仅能够增进两国间的幸福，同时也是一个能够进一步增进世界各国间幸福的机构。我们将竭尽全力，以期酬奉盛意。”

“非常感谢卿所进献的珍品，朕将以朕亲绘的画幅赐予你。”

“承蒙赐言，惶恐之至，不知所措，且得陛下亲笔画幅赏赐，这不仅是我这样一个外国臣子的荣幸，更是南满洲铁道会社全体的荣耀。我们必将更加努力，期望能够做出更大的贡献。”

“卿将于两三日内启程出发，预祝你一路平安。”

“谨祝皇太后、皇帝两陛下万寿无疆！”

就这样，谒见就算结束了，我又向两陛下行了礼，然后向右转身从台阶上退下。此时时间是9时30分。

后藤男爵的谒见得到批准时，在林公使的授意下，他曾接到外务部交来的如下觐见流程。男爵在林公使的陪同下的谒见，就是依照上面规定的顺序完成的。

觐见礼节单

届日，本部派办导引

贵大臣男爵出西直门，沿马路至

颐和园

东宫门外本部公所。更衣，暂憩。候届九点钟时，

皇太后、

日本人送给
慈禧的人力车

皇上升

仁寿殿。本部大臣带领

贵大臣男爵偕随员、翻译等，进

东宫门。至

仁寿殿中门，一鞠躬；进

殿数武，一鞠躬；至

纳陛前，一鞠躬。上奏颂词，翻译毕。

皇太后、

皇上答词，本部王大臣传述翻译恭译

贵大臣男爵辕毕。上

纳陛恭听

皇太后、

皇上面谕后，退下

纳陛，一鞠躬；退后数武，一鞠躬；至左门一鞠躬。退出，由东宫门至本部公所，午酌后山，原路进城回馆。

谒见结束后，后藤男爵又回到外务部公所，在那里用过午宴，又在万寿山其他殿内拜访了庆亲王和瞿鸿禨等，与他们进行短暂会谈后，就离开了圆明园。如前所说，谒见时后藤男爵得到了西太后赏赐的御笔画轴、皇帝赏赐的御笔书法，感到实在荣幸之至。因为两宫的御笔书画，只赏赐过总督以上的高官，此次赏给男爵属于破例。

编后记

本书原名《清国西太后》，1908年10月由日据时代的台湾日日新报社出版发行，作者田原祯次郎即该报社记者、主笔。

田原祯次郎（1862～1923年），又名田原天南，出生于日本山形县西村山郡一个医生世家，其父田原恭治郎是亚洲最早实施白内障手术的著名医生，在当时颇负盛名。但祯次郎并没有承袭父业，而是攻读法学和文学，并走上了新闻记者之路。他在中国生活多年，曾报道庚子之役、日俄战争和第一次世界大战等重要事件，并著有《中国的研究》、《列强与中国》、《胶州湾》、《台湾史料》、《清末民初中国官绅人名录》等书，堪称日本较早的一位中国通。《清国西太后》就是他在搜集当时中外媒体报道的基础上，兼采社会见闻，介绍慈禧太后其人其事的一部较为全面的著述。

作者或许真的出于内心崇拜，抑或仅为吸引读者眼球，此书几乎彻底颠覆当时外国人对慈禧的成见，字里行间处处将其描述为睿智、贤明的女主，称她为“古今无与伦比的女性政治家”，“在中国的历史中，能与西太后相提并论的女性政治家前所未有，世人皆云其似吕后、如武则天等等，但那些人都难及西太后。西洋历史中，俄国女皇凯瑟琳、匈牙利及波希米亚女王玛丽亚·泰瑞莎、英国女王伊丽莎白和维多利亚等，还能多少与之相比”。读之，很难相信这样歌功颂德的文字，竟会出自外国人的手笔。

应该说，全书的整体脉络基本上是符合史实的，其中某些具体内容，如慈禧接见外国人等，对于今天研究慈禧其人及那段历史，也有一定的参考价值。然而，由于此书出版时清朝政权尚存，慈禧太后也依然在世，中国方面对于皇室内情、朝野真相讳莫如深，外界很难窥见相关资料，加之作者见闻所限，致使书中某些细节乖谬百出，甚至出现一些今天看来不该发生的错误。如称光绪皇后“于光绪二十年患上重病，不治而终，只当了8年皇后”，溥儁被立为大阿哥时年龄只有7岁，不一而足。针对类似的明显错误，在编辑过程中已做必要的注释说明。

对于中日关系，作者则秉持特定的立场，虽称两国有着“一衣带水的距离”、“唇齿轮车的连锁”和“同文同教的友谊”，必须“保持密切亲善”。但对诸如甲午战争、日本割占台湾，则只是轻描淡写，绝口不谈是非；书中虽谈八国联军暴行，却说“与之为伍的日本军，军纪最为严肃，鲜有侮辱妇女和掠夺物品之事，属于一支仁义之军，博得了世人的称赞”。否认乃至美化侵略，这样的史观在东瀛可谓由来有自。

虽说本书存在些许错误与偏颇，但毕竟是当时人写当时事，对于我们研究和了解历史提供了另外一个视角。此次，故宫出版社将其翻译出版，纳入《晚清宫廷见闻录》丛书系列，目的也正在于此。在本书的出版过程中，萨苏先生、杨颖女士给予了热情地支持与帮助，董丹女士付出了辛苦的劳动，在此一并表示感谢。

左远波

2013年7月于紫禁城

图书在版编目（CIP）数据

日本人眼中的慈禧/（日）田原祯次郎著；董丹译.–北京：故宫出版社，2013.9

（晚清宫廷见闻录）

ISBN 978-7-5134-0473-0

Ⅰ.①日… Ⅱ.①田…②董… Ⅲ.①西太后（1835～1908）–生平事迹 Ⅳ.①K827=52

中国版本图书馆CIP数据核字（2013）第214072号

日本人眼中的慈禧

著　　者：[日] 田原祯次郎
译　　者：董　丹
责任编辑：杨付红
特约编辑：左远波
装帧设计：王孔刚
出版发行：故宫出版社
　　　　　地址：北京市东城区景山前街4号　邮编：100009
　　　　　电话：010–85007808　010–85007816　传真：010–65129479
　　　　　网址：www.culturefc.cn　邮箱：ggcb@culturefc.cn
印　　刷：保定市中画美凯印刷有限公司
开　　本：787毫米×1092毫米　1/16
印　　张：13.75
字　　数：180千字
版　　次：2013年9月第1版
　　　　　2013年9月第1次印刷
印　　数：1–5000册
书　　号：ISBN 978-7-5134-0473-0
定　　价：36.00元